Brigitte
YOGA

MARTINA BEHM · CHRISTIANE JASCHINIOK

Brigitte YOGA

DAS BESTE FÜR KÖRPER UND SEELE

Brigitte Buch
im
Diana Verlag

Inhalt

Teil 1:

Die 25 wichtigsten Yoga-Übungen

Teil 2:

14 Yoga-Programme

Vorwort

Yoga ist überall: Models schwören darauf, Ärzte preisen seine wohltuende Wirkung bei Rückenschmerzen, und die Nachbarin sagt, es habe Ruhe in ihr hektisches Leben einkehren lassen. Aber wie anfangen? Vielleicht wollten Sie es schon immer mal ausprobieren, fürchten aber, dann mit wildfremden Leuten bei Räucherstäbchenduft „Om" singen zu müssen. Vielleicht waren Sie schon mal nach Feierabend in einem Yoga-Kurs, aber da wurde mehr geredet als geübt und Sie sind fast eingeschlafen.

Dann versuchen Sie es doch einmal mit BRIGITTE-Yoga. Denn das ist ganz einfach Yoga, wie es Ihnen gefällt: mit Musik oder ohne, in hellem Licht oder bei Kerzenschein, im Freien oder im Wohnzimmer. Es gibt kein „Richtig" oder „Falsch", kein „Besser" oder „Schlechter" – was zählt, ist, dass Sie es mögen. Dann können Sie Yoga als etwas so Positives erleben, wie es unsere Autorin und Yoga-Lehrerin Christiane Jaschiniok erfahren hat. Als sie nach vielen Jahren als Gymnastik- und Sportlehrerin zum ersten Mal einen Yoga-Kurs besuchte, merkte sie gleich: Das hier ist anders. Beim Yoga sind die Abläufe langsam, man hat Gelegenheit, sich nach innen zurückzuziehen und für sich zu sein. Nach einer Yoga-Stunde hatte sie immer das Gefühl, wirklich ganz ruhig zu sein. Nicht ausgepowert, sondern konzentriert. Ihr Körper fühlte sich zugleich weicher und kraftvoller an, und sie spürte, dass sie sowohl geistig als auch körperlich stärker präsent war. Die Gedanken kreisten nicht mehr um das, was war oder später sein würde, sondern verweilten auf angenehme Weise im Jetzt. Das hatte sie bei keiner der vielen anderen Sportarten erlebt, die sie bis dahin erlernt und unterrichtet hatte. Während ihrer Ausbildung zur Yoga-Lehrerin bemerkte sie, dass sie auch im Alltag ruhiger und konzentrierter war. Doch nicht nur das: Nacken und Schultern, ein lebenslanger Schwachpunkt, wurden stärker und schmerzten seltener.

Yoga trainiert den Körper – aber dass es auch die Seele stark macht, mochte BRIGITTE-Redakteurin Martina Behm zunächst nicht glauben. Doch dann erfuhr sie, wie gut es tut, im regelmäßigen Yoga-Training einen Fixpunkt zu haben, der einen zuverlässig aufbaut. Der tatsächlich innere Stärke bringt und neue Perspektiven. Und zusätzlich einen gesunden Ausgleich schafft zum Laufen, das bis dahin immer ihre Lieblingssportart gewesen war. Für BRIGITTE-Redakteurin Birgit Potzkai, die die Fotos für dieses Buch konzipiert und inszeniert hat, ist Yoga seit acht Jahren ein wöchentliches Ritual, das wie eine Reinigung für Körper und Seele wirkt. Durch Yoga hat sie gelernt, abzuschalten, wann immer sie Erholung braucht. Und auch unser Model Katja Brandt, die im Buch die Übungen zeigt, will auf ihre Yoga-Routine nicht mehr verzichten. Denn durch Yoga fühlt sie sich geerdet, mitten im Leben stehend – und gleichzeitig leicht und befreit.

Yoga kann jeder Frau das geben, was sie gerade sucht und gerade braucht – ganz individuell. Jede, egal ob Spitzensportlerin oder Einsteigerin, profitiert davon. Darum hat BRIGITTE auch als erste deutsche Frauenzeitschrift ihren Leserinnen Yoga nahegebracht: „Yoga macht Sie schön" stand schon 1959 auf unserem Titelblatt. Und so ist es auch heute noch – BRIGITTE-Yoga macht Sie schön. Und ruhig. Und stark. Probieren Sie es aus!

Ihre BRIGITTE

YOGA – woher es kommt

Vor zweitausend Jahren schrieb ein Inder namens Patañjali auf, was er als Weg zu einem guten, richtigen Leben empfand: Yoga als Methode, den Atem unter Kontrolle zu bringen und den Geist mit langen, intensiven Meditationen zu beruhigen. Die Asanas, also Yoga-Übungen, wie wir sie heute kennen, kamen erst später hinzu. Denn die Anhänger von Patañjalis Lehre merkten bald, dass sie für ausdauerndes Meditieren einen fitten, beweglichen Körper und eine gute Haltung brauchten. Sonst wurden sie schon nach kurzer Zeit durch ein Ziepen im Rücken und steife Gelenke abgelenkt. Ein Fitness-Training für Meditierende musste her - und so stärkten sich die Yogis mit Körper-Übungen, genannt Asanas. Etwa im 14. Jahrhundert wurde in Indien ein weiteres Yoga-Buch bekannt: »Hatha Yoga Pradipika«, bei dem die körperliche Anstrengung und das intensive Üben von Asanas im Mittelpunkt standen. Aber Ernährung, Reinigungsrituale, Selbstdisziplin und das Bemühen um ein erfülltes Leben gehörten ebenfalls dazu. Das daraus entstandene »Hatha Yoga« wurde zum Grundstein für modernes Yoga, wie es heute rund um den Globus gelehrt wird und wie wir es in BRIGITTE-Yoga zeigen: Die Übungen sind erprobt und bewährt und für Anfänger und Fortgeschrittene geeignet.

Hatha-Yoga

Die Silbe »Ha« bedeutet »Sonne«, »tha« steht für den Mond, und »Hatha« für die unterschiedliche Kräfte, die auf den Menschen wirken. Die Sonne symbolisiert den Antrieb, zielgerichtetes Handeln und männliche Aspekte einer Persönlichkeit, während der Mond Intuition, Ruhe und das Weibliche verkörpert. Im Hatha-Yoga geht es also darum, **einander entgegengerichtete Kräfte** in Körper und Geist zu **harmonisieren** und in Einklang zu bringen. Neue, vom Hatha-Yoga abgeleitete Yoga-Stile kommen alle paar Jahre auf, einige sind inzwischen etabliert.

Kundalini-Yoga

wird seit den 60er-Jahren unterrichtet. Eine eher **extreme Yoga-Variante,** die sowohl **intensive Atemübungen** als auch minutenlanges **Verharren** in einzelnen Haltungen und das **gemeinsame Singen** von Mantras beinhaltet. Wer es sportlich mag, aber auch Entspannung mit einem spirituellen Kick sucht, ist beim Kundalini-Yoga auch als **Anfänger** richtig.

Iyengar-Yoga

nutzt **Hilfsmittel** wie Yoga-Blocks (Schaumstoffquader), Gurte, Kissen und Decken, um die Übungen so anzupassen und zu erleichtern, dass auch Anfänger sie gut nachmachen können. Benannt nach dem bekannten Yogalehrer B. K. S. Iyengar. Seine Tochter Geeta war die Erste, die Yoga-Varianten speziell für Frauen entwickelte. Trotz der Hilfsmittel ist Iyengar-Yoga eine sehr ehrgeizige Form des Yoga, die hohe Ansprüche an Beweglichkeit und Ausdauer stellt. Deshalb eher für **Perfektionistinnen** geeignet.

Vini-Yoga

ist eine ganz **individuelle Yoga-Form:** Möglichst im Einzelunterricht passt ein Yoga-Lehrer oder -Therapeut die Haltungen und Übungen so an, dass selbst Menschen mit körperlichen Einschränkungen oder chronisch Kranke Yoga üben können. Geeignet vor allem **als Therapie** und für Leute, die in ihrem Leben bisher nur sehr **wenig Sport** getrieben haben.

Ashtanga-Yoga

heißt, dass **mehrere Yoga-Haltungen** im Einklang mit dem **Atem** nacheinander durchgeturnt werden. Darum braucht man für diese Yoga-Form gute **Koordination**, viel **Ausdauer** und **Merkfähigkeit**. Wer Spaß an Choreografien hat und sich gern ein wenig auspowert, ist mit dieser Yoga-Form gut bedient.

Power-Yoga

ist eine **moderne Abwandlung des Ashtanga-Yoga** und seit den 70er-Jahren populär. Ebenfalls sportlich und eine **körperliche Herausforderung**.

Sivananda-Yoga

möchte zurück zu den Ursprüngen und sieht Yoga als komplette **Lebensphilosophie**, zu der auch vegetarische Ernährung, das regelmäßige Singen von Mantras und Vorträge über die richtige Lebensführung gehören. Wer es **spirituell** mag, wird mit dieser Yoga-Form glücklich.

Bikram-Yoga

ist wohl die extremste aller Yoga-Varianten: In auf **35 bis 40 Grad** aufgeheizten Räumen turnt man **90 Minuten** lang **26 verschiedene Yoga-Haltungen** durch. Auf diese Weise soll Yoga einen ähnlichen Trainingseffekt haben wie Ausdauersportarten oder Aerobic. Nur für **sportliche Menschen** mit stabilem Kreislauf.

YOGA als Religion?

Obwohl manche Anhänger Yoga quasi religiös betreiben, ist Yoga keine Glaubenslehre und auch nicht an den in Indien weit verbreiteten Hinduismus gebunden. Im Yoga wird kein Gott angebetet. Wer Yoga übt, ist vielmehr auf der Suche nach seiner eigenen inneren Wahrheit. Und die ist nach Auffassung des Hatha-Yoga möglicherweise göttlicher Natur. Der Yogi will sein Innerstes, also sein wahres Selbst, erkennen. Er möchte sich von allem, was ihn im Leben stört, von Ängsten, Unsicherheit und festgefahrenen Vehaltensweisen befreien. Seinen Körper mit Yoga-Haltungen herauszufordern und beweglich zu machen, ist dabei Mittel zum Zweck, ebenso wie Reinigungsrituale, bestimmte Ernährungspraktiken und Meditationen. Wer möchte, kann Yoga also als spirituellen Weg auffassen. Aber von den positiven Effekten der Yoga-Übungen profitiert auch, wer sie einfach als gutes, intensives Körpertraining begreift und regelmäßig übt. Dafür braucht niemand sein Weltbild komplett auf den Kopf zu stellen und sich schon gar nicht von der Religion zu verabschieden, in der er sich zu Hause fühlt. Denn der Wunsch, Ruhe zu finden und etwas für seinen Körper zu tun, ist Menschen aus allen Kulturen gemein.

YOGA – was es kann und was nicht

Die Konzentration fördern, Rückenschmerzen vorbeugen, den Körper beweglich machen – diese Wirkungen von Yoga sind auch unter europäischen und amerikanischen Ärzten unbestritten. Denn Yoga stärkt die Rückenmuskeln, schult die Aufmerksamkeit und bringt selbst völlig Untrainierte auf schonende Art in Bewegung. Wahrscheinlich kann Yoga noch viel mehr, doch die medizinische Forschung darüber steht ganz am Anfang. Es gibt zwar zahlreiche Studien über die Effekte von Yoga, doch die wenigsten davon erfüllen die Standards, mit denen etwa die Wirkung neuer Arzneimittel geprüft wird. Das ist auch sehr schwierig: Bei den in der Medizin üblichen sogenannten Doppelblind-Studien schluckt die eine Hälfte der Patienten Tabletten, die den zu testenden Wirkstoff enthalten, während die andere Hälfte Zuckerpillen ohne Wirkstoff bekommt. Weder die durchführenden Ärzte noch die Patienten dürfen wissen, wer welche Sorte Tabletten erhält. Auf diese Weise kann man ausschließen, dass die festgestellte Heilwirkung zum Beispiel durch psychische Faktoren verursacht wurde (der sogenannte Placebo-Effekt). Es ist aber kaum möglich, Testpersonen zu verheimlichen, dass sie an einem Yoga-Programm teilnehmen. Auch bei Langzeitstudien mit Menschen, die regelmäßig Yoga üben, im Vergleich zu solchen, die andere Sportarten betreiben, ist es oft schwierig zu unterscheiden, welche Wirkungen von den Yoga-Übungen herrühren und was zum Beispiel auf gesündere Ernährung, geringeren Alkoholkonsum oder mehr Bewegung im Alltag zurückzuführen ist. Wahrscheinlich gibt es eine Wechselwirkung: Wer durch regelmäßige Yoga-Praxis gelernt hat, seinen Körper besser wahrzunehmen, wird sich langfristig auch eine gesündere Lebensweise aneignen. Darum sind die normalen medizinischen Testverfahren wohl auch nicht wirklich geeignet, um alle überlieferten Effekte des Yoga nachzuweisen.

Dennoch häufen sich die Indizien, dass an den zum Teil schon in der „Hatha Yoga Pradipika" beschriebenen Heilkräften des Yoga etwas dran ist und Yoga die wissenschaftliche Medizin höchst wirksam ergänzt: In einer amerikanischen Studie mit 15 000 Teilnehmern zeigte sich, dass Menschen, die regelmäßig Yoga üben, ihr Gewicht besser halten können. In manchen Untersuchungen konnte Yoga zu hohen Blutdruck senken, die Verdauung normalisieren und die Immunabwehr stärken. Yoga-Übende verfügen außerdem über einen besseren Gleichgewichtssinn, können sich besser konzentrieren und haben eine längere Aufmerksamkeitsspanne als Nicht-Yogis. Und Krebspatienten lernen durch Yoga, besser mit ihren Schmerzen zurechtzukommen. Die psychischen Wirkungen von Yoga sind noch schwerer zu erfassen. Aber viele Yoga-Fans berichten, dass Yoga sie nicht nur körperlich, sondern auch geistig flexibler gemacht hat, dass es ihnen leichter fällt, sich so zu akzeptieren, wie sie sind, und sie sich den Belastungen des Alltags eher gewachsen fühlen, seit sie regelmäßig Yoga betreiben. Und da es beim Yoga nicht auf Leistung ankommt und es keinen Sinn macht, sich beim Üben mit anderen zu

vergleichen, empfinden viele Menschen Yoga als angenehmen Gegenpol zum ständigen Wettbewerb, dem sie im Beruf und im Alltag ausgesetzt sind. Wer Yoga ausprobiert hat, weiß, wie gut es tut – ob sich das auch wissenschaftlich beweisen lässt, ist für die meisten zweitrangig.

Wer Yoga betreibt, um eine bestimmte Wirkung zu erzielen, muss allerdings Geduld mitbringen und sich genau beobachten. Denn Yoga kann immer nur ein Anstoß in eine bestimmte Richtung sein. Ob und wie der Körper darauf reagiert, ist individuell verschieden. Ausprobieren, wiederholen, Varianten testen, Rückschläge oder Stillstände erfahren – all das gehört dazu. Und auch das Wissen, dass man mit ernsthaften gesundheitlichen Problemen, Schmerzen, Infektionen oder Verletzungen zum Arzt gehört und nicht auf die Yoga-Matte.

Über dieses Buch

Für dieses Buch haben wir nur Yoga-Übungen (sogenannte Asanas) ausgewählt, deren Nutzen unbestritten ist und die auch für Yoga-Anfängerinnen kaum Risiken bergen. BRIGITTE-Yoga verlangt von Ihnen keine Akrobatik: Spektakuläre, aber möglicherweise gesundheitsschädliche Haltungen wie z. B. den Kopfstand oder den Pflug, haben wir weggelassen. Denn diese sollte man allerhöchstens unter Anleitung eines ausgebildeten Yoga-Lehrers ausprobieren. Beim Yoga spielt der Atem eine wichtige Rolle: Ihn zu beobachten und sich mit ihm zu bewegen, schult die Aufmerksamkeit und das Körperbewusstsein und macht die Yoga-Haltungen erst richtig wirksam. Darum finden Sie in unseren Anleitungen immer Hinweise, bei welchen Bewegungen ein- bzw. ausgeatmet werden soll. Reine Atem-Übungen dagegen haben wir nicht in dieses Buch aufgenommen, da sie besonders anfangs starke und manchmal unangenehme Effekte haben können (z. B. Schwindel). Auch sie sollte man nur unter der Aufsicht eines erfahrenen Yoga-Lehrers ausführen. Gesungene Mantras, Anleitungen zum spirituell korrekten Leben oder Reinigungsrituale, die genau wie die Yoga-Haltungen zum traditionellen Yoga gehören, finden Sie nicht in diesem Buch. Yoga-Puristen mögen diesen Ansatz kritisieren, aber sinnvoll ist er trotzdem: Eine Untersuchung der amerikanischen Universität Harvard hat gerade gezeigt, dass Yoga-Körperübungen auch dann wirken, wenn man andere Aspekte des traditionellen Yoga weglässt.

BRIGITTE-Yoga konzentriert sich ganz auf die physischen Übungen des Yoga, denn die sind leicht zu lernen, schulen die Körperwahrnehmung und Konzentration, verbessern den Gleichgewichtssinn, entspannen und geben Kraft – sie trainieren also Körper und Geist. Und das ist schon nach kurzer Zeit spürbar. Unsere Yoga-Programme sind so zusammengestellt, dass Sie sie ganz Ihren Bedürfnissen anpassen können. Ob Sie Ihren Rücken oder das Selbstbewusstsein stärken möchten, etwas für die Figur oder für besseres Einschlafen tun wollen, überlässt BRIGITTE-Yoga Ihnen – denn Sie wissen am besten, was Sie gerade brauchen.

So geht's:

* Wählen Sie zunächst eines der 14 Yoga-Programme aus dem zweiten Teil aus, mit dem Sie starten möchten. Besonders geeignet sind z. B. »Der kleine Sonnengruß« (S. 74) oder die Sequenz „Für die innere Balance" (S. 80).

* Dann blättern Sie im ersten Teil des Buches nach, wie die einzelnen Übungen funktionieren, wann Vorsicht geboten ist und aus welchen Varianten Sie wählen können.

* Probieren Sie am besten schon mal aus, wie sich eine Haltung anfühlt – dann fällt sie Ihnen später im Programm leichter. Grundsätzlich gilt: Es ist egal, welche Variante einer Übung Sie aussuchen. Denn Yoga darf zwar eine Herausforderung sein, aber es kommt dabei nicht auf Leistung an. Es gibt kein »Besser« oder »Schlechter«, es gibt nur »tut mir gut« oder »tut mir nicht gut« – und Letzteres sollten Sie unbedingt vermeiden. Wenn Sie merken, dass Sie mit einer Übung aus dem Programm gar nicht zurechtkommen, lassen Sie sie zunächst aus und probieren Sie es ein paar Tage später noch einmal, vielleicht in einer anderen Variante.

* Wenn dann alles stimmt, testen Sie Ihr neues Yoga-Programm aus dem zweiten Teil des Buchs. Dort finden Sie alle Anleitungen für die Übungen in verknappter Form, sodass Sie beim Üben nicht mehr zurückblättern müssen.

* Idealerweise üben Sie Ihre Sequenz am Anfang etwa zweimal pro Woche, mit viel Ruhe und Geduld. Lassen Sie sich ganz auf die Übungen ein. Atmen Sie tief. Beobachten Sie, was mit Ihrem Körper passiert und wohin Ihre Gedanken wandern. Dann wird es nicht lange dauern, bis Sie merken, wie sich Ihr Rücken entspannt, die Muskeln langsam straffen und Ihr Kopf lernt, sich zu konzentrieren oder abzuschalten.

Und nun:
Loslegen und loslassen – viel Spaß beim Üben mit BRIGITTE-Yoga!

Die 25 wichtigsten Yoga-Übungen

Aufrecht wie ein Baum, beweglich wie eine Katze und stark wie eine Heldin: Im ersten Teil von BRIGITTE-Yoga finden Sie die effektivsten Haltungen des Yoga und deren Wirkung auf Körper und Seele. Dazu ausführliche Anleitungen zum einfachen Nachmachen sowie viele Tipps, mit denen das Üben noch angenehmer wird

Der Baum

(Vrksasana) Mit dem Bild eines Baumes im Kopf wird Ihnen das Üben dieser Haltung leichtfallen: Stellen Sie sich einen starken Stamm vor, fest in der Erde verwurzelt, und eine üppige Krone, die sich dem Himmel entgegenstreckt. Der Yoga-Baum kräftigt die Bein-, Bauch- und Rückenmuskeln, dehnt die inneren Oberschenkel und fördert den Gleichgewichtssinn. Weil Sie sich in dieser Haltung stark auf die Balance fokussieren müssen, bleibt kein Platz für Sorgen und trübe Gedanken – perfekt, um zwischendurch mal kurz vom Trubel abzuschalten.

So geht's:

- Stehen Sie aufrecht, die Füße hüftbreit auseinander.
- Die Arme zur Seite ausstrecken.
- Das Gewicht auf das linke Bein verlagern.
- Den rechten Fuß anheben.
- Das rechte Knie nach außen drehen und den Fuß auf die Innenseite des linken Beins setzen, etwa in Kniehöhe.
- Führen Sie die Arme über dem Kopf zusammen, sodass sich die Handflächen berühren.
- Für bessere Balance die Bauchmuskeln anspannen. Bleiben Sie, wenn möglich, etwa fünf Atemzüge lang in dieser Haltung.

VARIANTEN

Damit die Balance einfacher wird, können Sie den rechten Fuß auch weiter unten am linken Bein platzieren. Andere Möglichkeiten: Den Fuß auf dem linken Fußrücken aufstellen, vor das linke Schienbein setzen oder bis in die Leistengegend hinaufziehen (erfahrene Yogis nehmen dafür die Hände zur Hilfe).

VORSICHT …

… bei niedrigem Blutdruck oder Problemen mit den Hüft- und Kniegelenken. Auch bei Kopfschmerzen lieber auf diese Haltung verzichten. Falls Sie unter hohem Blutdruck leiden, führen Sie die Handflächen vor der Brust statt über dem Kopf zusammen.

Diamantsitz *(Vajrasana)*

Die Donnerkeil- oder Diamantpose dehnt die vorderen Oberschenkel, streckt die Wirbelsäule, stärkt die Rückenmuskeln und trägt auf diese Weise dazu bei, Rückenschmerzen gar nicht erst entstehen zu lassen. Sie fördert eine aufrechte Haltung und schult die Konzentration. Darum kann, wer mag, in dieser Haltung auch meditieren und so Abstand zu den Belastungen des Alltags gewinnen – das geht am bequemsten, wenn man die Fußrücken ablegt.

So geht's:

- Setzen Sie sich im Stabsitz *(Dandasana, S. 32)* hin.
- Winkeln Sie die Unterschenkel über eine Seite an und setzen sich auf die Fersen.
- Die Füße aufstellen, sodass nur die Zehen den Boden berühren (Alternative: Fußrücken ablegen und die großen Zehen zusammenbringen).
- Die Hände flach auf die Oberschenkel legen.
- Die Wirbelsäule aufrichten.
- Die Halswirbelsäule strecken, indem Sie das Kinn ein wenig absenken.
- Etwa fünf tiefe Atemzüge lang in dieser Haltung bleiben.
- Anschließend das Gewicht nach rechts verlagern, den Po auf dem Boden aufsetzen und die Beine wieder ausstrecken.

VARIANTEN

Mit dem Brustexpander dehnen sich die Brustmuskeln und Schultern. Dafür die Hände hinter dem Rücken zusammenbringen und die Arme gestreckt anheben.

VORSICHT ...

... bei Hämorrhoiden. Dann Sitzhaltungen besser meiden.

Eingerolltes Blatt

(Garbhasana) Diese Übung ist auch bekannt als »Haltung des Kindes«: Neugeborene schlafen mit unter den Körper gezogenen Beinen, sodass ihre Haltung dieser Yoga-Übung sehr ähnelt. Sie dehnt die Oberschenkel- und Pomuskeln und den ganzen Rücken. Vor allem die Lendenwirbelsäule wird entlastet. Mit dem eingerollten Blatt finden selbst hektische Menschen Ruhe, denn es entspannt nicht nur den Körper, sondern auch den Geist.

So geht's:

- Setzen Sie sich in den Diamantsitz *(Vajrasana, S. 24)* und legen Sie die Fußrücken ab.
- Die Knie etwa faustbreit öffnen und die Zehenspitzen zusammenbringen.
- Die Arme über den Kopf heben und den Oberkörper beim Einatmen nach vorne beugen.
- Die Handflächen auf dem Boden ablegen und mit der Stirn den Fußboden berühren.
- Genießen Sie die Einkehr nach innen, so lange Sie möchten.
- Danach die Hände neben den Knien aufsetzen und den Oberkörper langsam aufrichten. Der Rücken bleibt dabei gestreckt.

VARIANTEN

Angenehmer wird es, wenn Sie Kopf und Brust auf ein dickes Kissen legen. Für starke Rückenmuskeln: Die Arme abwechselnd bei jedem Ausatmen langsam anheben.

VORSICHT ...

... bei Verdauungsbeschwerden, Knieproblemen und in der Schwangerschaft. Dann lieber in einer anderen Haltung entspannen.

Die Katze

(Cakravakasana) Mit dem Wechsel zwischen Katzenbuckel und geradem Rücken trainieren Sie alle Rückenmuskeln, flexibilisieren die Wirbelsäule und kräftigen die Oberschenkel. Im Rhythmus des Atems ist diese Übung großartig, um nach einem langen Bürotag aktiv zu entspannen. Stellen Sie sich eine Katze vor, die sich genüsslich rund macht, sich dabei richtig Zeit und von niemandem stören lässt.

So geht's:

* Knien Sie sich in den Vierfüßlerstand.
* Die Hände im Abstand der Schultergelenke auf dem Boden aufsetzen.
* Die Finger spreizen.
* Die Knie faustbreit auseinander.
* Den Po so heben, dass die Oberschenkel senkrecht sind.
* Das Gewicht des Körpers ist auf Knien und Händen gleichmäßig verteilt.
* Beim Ausatmen den Rücken rund machen, dabei das Steißbein einziehen. Der Blick geht zu den Knien.
* Beim Einatmen strecken Sie den Po wieder nach hinten.
* Der Brustkorb hebt sich, Kopf und Dekolleté zeigen nach vorne.
* Der Rücken bildet einen harmonischen Bogen vom Steißbein bis zum Hinterkopf.
* Beim Ausatmen wieder in die Katzenbuckel-Haltung gehen.
* Etwa fünfmal wiederholen.

VARIANTEN

Machen Sie die Katze zum Tiger: Aus der Pose mit geradem Rücken beim Einatmen das linke Bein nach hinten und den rechten Arm nach vorne strecken – das ist die Tiger-Haltung. Bleiben Sie etwa drei Atemzüge lang so. Dann beim Ausatmen wieder in die Ausgangsposition gehen. Anschließend mit dem rechten Bein und linken Arm wiederholen. Diese Variante ist eine Herausforderung für die Rücken- und Pomuskeln und ideal, um Rückenschmerzen vorzubeugen.

VORSICHT …

… ist nicht angebracht. Die Katze tut einfach immer gut.

Der Hund *(Adho Mukha Svanasana)*

Diese Übung stärkt die Arm- und Schultermuskeln und hilft, die Wirbelsäule beweglich zu halten. Sie dehnt die Schultern und hinteren Beinmuskeln, vertieft die Atmung und wirkt beruhigend und verjüngend.

So geht's:

* Nehmen Sie die Haltung der Katze mit geradem Rücken ein *(Cakravakasana, S. 28)*.
* Die Füße so aufstellen, dass nur die Zehen auf dem Boden sind.
* Beim Ausatmen heben Sie die Knie an, geben Kraft in die Hände und Arme und schieben sich nach oben, indem Sie die Beine strecken und den Po Richtung Decke heben.
* Den Kopf in Verlängerung der Wirbelsäule halten und die Fersen fest auf die Unterlage drücken. Die Arme sind gestreckt.
* Gleichmäßig und tief atmen.
* Bleiben Sie etwa drei bis fünf Atemzüge in dieser Haltung. Anschließend lassen Sie entweder die Knie wieder auf die Matte sinken, richten langsam den Oberkörper auf und spüren kurz nach – oder Sie gehen direkt über in das Brett:

Das Brett

(Caturanga Dandasana)

* Aus dem nach unten schauenden Hund den Po senken und Oberkörper und Kopf aufrichten.
* Falls nötig, die Füße etwas weiter nach hinten setzen.
* Bauch- und Pomuskeln fest anspannen. Der Körper bildet eine Linie vom Kopf bis zu den Fersen. Der Rücken ist ganz gerade.
* Die Arme bleiben gestreckt, die Zehen am Boden.
* Brett- und Hundehaltung lassen sich gut im Wechsel üben, am besten je zwei- bis dreimal.

VARIANTEN

Damit in der Hundehaltung der Rücken gerade bleibt, kann man die Kniegelenke ein wenig beugen oder die Hände leicht erhöht aufsetzen (z. B. auf Yoga-Blocks). Besonders sanft ist die Variante mit den Händen auf einem Stuhl. Falls die Spannung in der Bretthaltung zu stark ist, die Knie auf den Boden sinken lassen.

VORSICHT ...

... bei hohem Blutdruck, Karpaltunnel-Syndrom in den Handgelenken, bei hohem Übergewicht und in der späten Schwangerschaft.

Stabsitz

(Dandasana) Ähnlich wie die Berghaltung *(Tadasana, S. 50)* ist der Stabsitz eine einfache Grundhaltung, aus der man gut andere Positionen einnehmen kann. Dennoch sollte man ihn nicht unterschätzen: Richtig ausgeführt stärkt der Stabsitz die Rückenmuskeln, streckt die Wirbelsäule und ist so ein wunderbares Training für eine aufrechte, gerade Haltung auch im Alltag. Er dehnt die hinteren und kräftigt die vorderen Oberschenkelmuskeln. Außerdem fördert der Stabsitz Konzentrationsfähigkeit und Ausdauer und vermittelt ein Gefühl der inneren Stärke.

So geht's:

- Setzen Sie sich aufrecht auf den Boden.
- Die Beine sind lang und parallel.
- Die Fußspitzen zum Körper ziehen, sodass ein Gefühl der Dehnung in der Beinrückseite entsteht.
- Die Wirbelsäule aus dem Becken heraus aufrichten.
- Schultern nach hinten und dann nach unten senken.
- Das Kinn ein wenig nach unten sinken lassen, sodass die Halswirbelsäule gestreckt wird.
- Der Blick geht geradeaus, Kiefer- und Gesichtsmuskeln sind entspannt.
- Die Beinmuskeln etwas anspannen und die Hände auf den Oberschenkeln ablegen.
- Bleiben Sie etwa fünf Atemzüge lang so.

VARIANTEN

Den Rücken ganz gerade zu halten, ist einfacher, wenn Sie die Hände neben den Beinen in den Boden drücken. Wer mag, kann eine gefaltete Wolldecke oder ein Kissen unter den Po legen.

VORSICHT ...

... bei verspannten Schultern.

Drehsitz *(Ardha Matsyendrasana)*

Der Name »Matsyendrasana« bedeutet »Herr der Fische«: Der Sage nach hörte ein Fisch zu, als Shiva in der Nähe eines Teiches seiner Frau die Geheimnisse des Yoga enthüllte. Shiva bemerkte den Fisch und verlieh ihm göttliche Gestalt, und so wurde der Fisch zum ersten Yoga-Lehrer. Im Drehsitz ändern Sie Ihre Perspektive und blicken in eine neue Richtung. Sie dehnen und lockern die Halsmuskeln, massieren die inneren Organe (besonders die Nieren) und bringen die Körperhälften miteinander in Einklang.

So geht's:

- In den Stabsitz *(Dandasana, S. 32)* setzen.
- Den linken Fuß über das rechte Bein führen und rechts daneben flach auf dem Boden nah am Po aufstellen.
- Beim Ausatmen Oberkörper und Kopf nach links drehen und das linke Knie mit dem rechten Arm umfassen.
- Die linke Hand hinter der Schulter auf den Boden setzen. Dabei Nacken und Hals nicht überdehnen!
- Der Bauch ist nah am Bein, der Rücken aufrecht.
- Etwa acht Atemzüge lang halten. Anschließend im Stabsitz nachspüren.
- Die Übung wiederholen, diesmal mit gestrecktem linken und angezogenem rechten Bein.
- Beide Seiten wiederholen.

VARIANTEN

Die Beine nicht kreuzen, sondern den Fuß des angewinkelten Beines einfach nah am Po aufstellen. Oder die Hand statt auf dem Boden auf einem dicken Buch oder Yoga-Block aufstützen, das ist bequemer.

VORSICHT ...

... bei Schwindelgefühlen. Dann lieber auf Drehhaltungen verzichten.

Im Schneidersitz

Die Drehhaltung im Schneidersitz hat ähnliche Effekte wie der Drehsitz und ist sehr einfach einzunehmen:

- In den Schneidersitz setzen *(Sukhasana, S. 48)*.
- Ganz aktiv den Rücken aus dem Becken heraus strecken.
- Beim Ausatmen langsam die Arme seitlich bis in Schulterhöhe heben.
- Die Handflächen zeigen nach oben, die Hände sind auf Schulterhöhe, die Ellenbogen leicht gebeugt.
- Beim nächsten Ausatmen Oberkörper und Kopf nach rechts drehen.
- Etwa vier Atemzüge lang halten.
- Beim Ausatmen zurück in die Ausgangsposition kommen.
- Anschließend nach links drehen.

Das Boot

(Paripurna Navasana) **Die Bootshaltung bringt richtig Kraft mit wenig Aufwand: Sie trainiert die Bauch- und Beinmuskeln, stärkt Hals und Nacken, aktiviert den ganzen Körper und macht wach. Eine großartige Übung für eine schmale Taille, einen straffen Bauch und eine gute Figur.**

So geht's:

* In der Entspannungshaltung *(Savasana, S. 70)* auf dem Rücken liegen.
* Die Arme neben den Hüften auf den Boden legen. Die Handflächen zeigen nach innen.
* Die Knie anziehen und die Füße vor dem Po auf den Boden setzen.
* Beim Ausatmen die Bauchmuskeln anspannen, indem Sie die Bauchdecke einziehen. Weiteratmen.
* Die Unterschenkel waagerecht anheben, die Fußspitzen ein wenig zum Körper ziehen.
* Beim Ausatmen Arme und den Kopf anheben. Weiteratmen.
* Darauf achten, Kopf und Kinn nicht zu stark in Richtung Knie zu schieben.
* Füße und Beine bleiben angewinkelt.
* Etwa zwei Atemzüge lang halten.
* Beim Ausatmen Kopf und Arme ganz langsam (!) ablegen und die Füße wieder aufsetzen.
* Drei- bis fünfmal wiederholen.
* Anschließend in der Entspannungshaltung nachspüren.

VARIANTEN

Etwas einfacher wird es, wenn Sie die Hände hinter den Kopf nehmen und ihn abstützen. Für eine zusätzliche Herausforderung und noch effektiveres Bauchmuskeltraining können Sie abwechselnd die Knie zur Brust ziehen und das jeweils andere Bein gerade ausstrecken. Achten Sie dabei auf einen gleichmäßigen Atem. Etwa zehnmal wiederholen.

VORSICHT …

… während der Schwangerschaft. Dann sollten Sie das Boot wie alle Übungen für die Bauchmuskeln unbedingt meiden.

Das Krokodil *(Makarasana)*

Eine wunderbare Entspannungsübung für den unteren Rücken. Gleichzeitig beugt sie Schmerzen vor, denn sie stärkt und lockert die Muskeln entlang der Wirbelsäule. Auch Schultern, Hals und Nacken werden mit dem Krokodil sanft gedehnt und von Verspannungen befreit. Und das überträgt sich natürlich auf den Geist, der in dieser Haltung Stress und Hektik einfach vergisst.

So geht's:

- Sie liegen auf dem Rücken in der Entspannungshaltung *(Savasana, S. 70)*.
- Die Knie anziehen und die Füße auf den Boden stellen, sodass ein weiterer Fuß dazwischenpassen würde.
- Die Arme zur Seite ausstrecken, die Handflächen zeigen nach oben.
- Beim Ausatmen die Knie langsam nach rechts fallen lassen.
- Den Kopf gleichzeitig ein wenig nach links drehen, dabei nicht überdehnen.
- Schultern und Oberarme bleiben auf dem Boden.
- Langsam und tief atmen. Etwa drei Atemzüge lang halten.
- Dann den Kopf wieder nach vorne drehen und die Knie aufrichten.
- Die Übung zur anderen Seite wiederholen.
- Wenn Sie mögen, beide Richtungen drei- bis sechsmal im Wechsel üben.

VARIANTEN

Unter den Kopf können Sie ein flaches Kissen legen. In der Schwangerschaft stellen Sie die Beine weiter gespreizt auf und lassen die Knie nur so tief sinken, wie es angenehm ist.

VORSICHT …

… bei Problemen mit der unteren Wirbelsäule. Wenn bei dieser Übung Schmerzen auftreten, lassen Sie sie lieber weg.

Die Kobra *(Bhujangasana)*

Elegant, wachsam und jederzeit bereit, mit ganzer Kraft zuzuschlagen – die Haltung der Kobra weckt Energien und schult die Konzentration. Außerdem ist sie die beste Übung, um die Muskeln der Körperrückseite zu stärken und Rückenschmerzen vorzubeugen. Auch bei Verspannungen kann die Kobra Erleichterung schaffen, weil sie das Gegenstück zur üblichen nach vorn gebeugten Haltung der Wirbelsäule ist.

So geht's:

- Legen Sie sich auf den Bauch.
- Strecken Sie die Arme nach vorne aus, die Handflächen nach unten.
- Die Beine lang nach hinten dehnen und die Leisten an den Boden schmiegen. Die Fußrücken liegen flach auf der Unterlage.
- Beim Ausatmen den Kopf, Schultern, Hals und Nacken anheben.
- Die Arme gestreckt lassen und die Hände auf den Boden stützen.
- Mit den Händen ein Stück näher an den Brustkorb heranrücken und den Oberkörper bis zu den unteren Rippen aufrichten.
- Etwa vier Atemzüge lang halten. Beim Ausatmen die Hände wieder nach vorn rutschen lassen.
- Die Stirn ablegen und nachspüren.
- Ein- bis zweimal wiederholen.

VARIANTEN

Die Hände neben dem Brustkorb ablegen und den Oberkörper mit angewinkelten Armen anheben.

VORSICHT ...

In der Schwangerschaft und bei Rückenproblemen auf die Katze (S. 28) ausweichen.

Schulterbrücke

(Setu Bandha) Diese Übung ist so effektiv, dass sie in nahezu jedem Bauch-Beine-Po-Programm vorkommt: Die Schulterbrücke trainiert alle Muskelgruppen des unteren Körpers auf einmal, strafft die Oberschenkel und kräftigt die Gesäßmuskulatur. Nebenbei entspannen Schultern und Nacken, und die Bauchmuskeln werden sanft gedehnt. Wenn Sie gleichzeitig den Beckenboden anspannen, ist die Schulterbrücke außerdem die perfekte Haltung, um nach einer Geburt wieder rundum fit zu werden.

So geht's:

- Sie liegen in der Entspannungshaltung *(Savasana, S. 70)* auf dem Rücken.
- Die Knie zum Körper ziehen und die Füße flach aufstellen.
- Die Arme neben den Körper legen, die Handflächen nach unten.
- Wenn Sie können, den Beckenboden aktivieren (lassen Sie sich das von einer Hebamme erklären).
- Beim Ausatmen gleichzeitig den Bauch anspannen und Po und Rücken anheben. Oberschenkel und Oberkörper bilden eine gerade Linie.
- Drei Atemzüge lang halten.
- Nun erst den Rücken und dann den Po langsam absenken.
- Noch dreimal wiederholen.

VARIANTEN

Wer noch mehr tun will, kann abwechselnd die Füße ein ganz klein wenig (nicht mehr als einen Zentimeter) vom Boden abheben. Wichtig ist, dabei nicht zu wackeln und eine gespannte Grundhaltung beizubehalten.

VORSICHT …

… bei Verletzungen der Halswirbelsäule oder Schleudertrauma und Funktionsstörungen der Schilddrüse. Dann diese Übung besser weglassen.

Knieschaukel *(Apanasana)*

Eine herrlich beruhigende, entspannende Haltung, besonders für den unteren Rücken. Weil die sanfte Bewegung der Arme und Beine dem Atem folgt, hilft die Knieschaukel, sich auf den eigenen Körper zu konzentrieren, ihn besser wahrzunehmen und seine Bedürfnisse zu erkennen. Sie wirkt ausgleichend auf die inneren Organe und kann so zum Beispiel Verdauungsprobleme mildern.

So geht's:

* Legen Sie sich auf den Rücken, am besten auf eine dicke Unterlage.
* Die Arme liegen neben dem Körper, die Handflächen nach unten.
* Die Beine anziehen und die Füße hüftbreit aufstellen. Der Rücken liegt flach auf der Matte.
* Heben Sie die Knie in Richtung Bauch, sodass die Oberschenkel senkrecht zum Boden sind.
* Die Knie von oben mit den flachen Händen fassen.
* Beim Ausatmen die Beine langsam an den Oberkörper heranziehen. Die Hände bleiben dabei auf den Knien.
* Beim Einatmen die Beine wieder langsam zurückbewegen.
* So lange wiederholen, bis Sie deutlich spüren, dass Ihr Atem ruhiger geworden ist.
* Anschließend strecken Sie die Beine aus und spüren in der Entspannungshaltung *(Savasana, S. 70)* nach.

VARIANTEN

Die Beine umarmen und im Rhythmus des Atems von links nach rechts schaukeln – das massiert den unteren Rücken und beruhigt die Bauchorgane. Statt beider Beine können Sie auch abwechselnd jeweils eines an den Bauch ziehen – diese Variante der Knieschaukel flexibilisiert und dehnt die Oberschenkelmuskeln.

VORSICHT …

… ist hier nicht geboten. Die Knieschaukel tut einfach immer gut!

Königstaube *(Kapotanasana)*

Die Taube gilt als Symbol des Friedens – aber sie steht auch für die Kraft, den Erdboden zu verlassen und zum Himmel zu fliegen. Deshalb ist die Haltung der Königstaube beides: harmonisierend und ausgleichend einerseits, anregend und kräftigend andererseits. Sie flexibilisiert die Hüftgelenke und die Lendenwirbelsäule, stärkt die Beine und dehnt die Rücken- und Brustmuskeln. Außerdem kann sie die Produktion körpereigener Hormone anregen, die Durchblutung der Becken- und Bauchorgane verbessern und Nieren und Nebennieren aktivieren. Ein komplettes Verjüngungsprogramm in einer einzigen Übung!

So geht's:

- Knien Sie sich in die Position der Katze mit geradem Rücken *(Cakravakasana, S. 28)*.
- Beim Ausatmen das rechte Bein nach hinten ausstrecken und das linke Knie tief beugen.
- Den Po mit nach hinten nehmen und auf dem linken Unterschenkel absetzen.
- Den Oberkörper auf den linken Oberschenkel legen.
- Die Arme ganz nach vorne ausstrecken und die Stirn auf dem Boden ablegen.
- Bleiben Sie etwa sechs lange Atemzüge in dieser Haltung.
- Dann in den Vierfüßlerstand zurückkommen und mit dem linken Bein ausgestreckt wiederholen.
- Jede Seite noch zweimal üben.

VARIANTEN

Noch angenehmer wird diese Haltung mit einem dicken Kissen unter dem Bauch.

VORSICHT ...

... bei Knie- und Hüftproblemen. Dann diese Übung lieber weglassen.

Schneidersitz *(Sukhasana)*

»Sukha« bedeutet glücklich, bequem oder angenehm – und genau so sollen Sie sich fühlen, wenn Sie sich zum Meditieren in den Lotus- oder Schneidersitz setzen. Wer regelmäßig meditiert, schafft sich einen Raum ohne Ablenkung, ohne Hetze, ohne belastende Ansprüche anderer. Es ist, als könne man die stürmische See im Kopf beruhigen und spüren, wie das Meer der Gedanken langsam immer glatter wird.

So geht's:

* Setzen Sie sich im Schneidersitz auf eine gefaltete Decke oder ein festes Kissen. Ob Sie die Füße kreuzen, übereinanderlegen oder auf den Oberschenkeln ablegen, ist egal. Hauptsache angenehm!
* Die Wirbelsäule aufrichten, die Halswirbelsäule strecken und Kinn und Schultern ein wenig sinken lassen.
* Den Bauch etwas anspannen.
* Die Hände im Schoß zusammenführen oder auf den Knien ablegen.
* Jetzt auf den Atem konzentrieren: Spüren, wie die Luft beim Einatmen in die Nase ein wenig kühler ist als beim Ausatmen.
* Steigern Sie die Meditationszeit jede Woche: Erst zwanzig tiefe Atemzüge, dann vierzig, und so weiter.

VARIANTEN

Sollte es in beim Schneidersitz mit Kuhkopf-Armen nicht gelingen, die Hände zusammenzuführen, hier eine einfachere Variante: Den rechten Arm von oben hinter den Rücken führen. Den linken Arm genauso anheben, mit der linken Hand den rechten Ellenbogen greifen und leicht zur Mitte ziehen.

VORSICHT ...

... ist nicht geboten.

Schneidersitz mit Kuhkopf-Armen

(Gomukhasana)

Diese Pose dehnt die Achseln und Oberarme, öffnet den Brustraum und beugt hängenden Schultern vor.

* Den linken Arm hinter den Rücken führen und den Unterarm so weit wie möglich nach oben schieben.
* Den rechten Arm über den Kopf strecken, beugen und die Hand hinter den Rücken führen.
* Die Hände zusammenbringen.
* Bleiben Sie etwa zwei Atemzüge so.
* Dann mit umgekehrter Armstellung wiederholen.

Der Berg

(Tadasana) Die einfachste, schönste und erstaunlichste Yoga-Pose ist die Berghaltung: Sie lernen, sich aufzurichten und Ihren Atem zu spüren. Sie fühlen, wie die Füße Ihnen einen sicheren Stand geben, blicken optimistisch nach vorn und tanken Selbstbewusstsein. Der Berg verbessert die Atmung und hilft, sich eine schöne Haltung anzueignen.

So geht's:

* Stehen Sie aufrecht.
* Der Abstand der Füße ist so, dass ein weiterer Fuß dazwischenpassen würde.
* Spüren Sie die Sohlen der Füße auf dem Boden.
* Die Knie sind nicht durchgedrückt, sondern ganz leicht gebeugt. Sie stehen elastisch.
* Das Becken vorne etwas hochziehen, den Po leicht anspannen und die Bauchmuskeln aktivieren.
* Die Schultern nach hinten-unten sinken lassen.
* Richten Sie den Rücken auf und strecken Sie die Halswirbelsäule, indem Sie das Kinn ein wenig sinken lassen. Der Blick ist ruhig und entspannt nach vorne gerichtet.
* Tief ein- und ausatmen.
* Bleiben Sie so lange in dieser Haltung, bis Sie das Gefühl haben, schon ein wenig zur Ruhe gekommen zu sein.

VARIANTEN

Mit über den Kopf gehobenen Armen wirkt die Berghaltung aktivierend und streckt die Wirbelsäule: Heben Sie die Arme beim Ausatmen über die Seite nach oben. Die Handflächen zeigen zueinander. Den vorderen Brustkorb anheben. Die Schultern nach hinten sinken lassen. Wer mag, kann die Arme noch weiter zur Seite öffnen.

VORSICHT …

… bei niedrigem Blutdruck oder Schwindelgefühlen.

Die Heldin

(Virabhadrasana) Die Helden- oder Kriegerhaltung ist nach dem legendären Kämpfer Virabhadra benannt, der als Reinkarnation des Gottes Shiva galt. In dieser Pose bekommen Sie Vertrauen in Ihre Standfestigkeit. Sie fühlen sich stark und bereit, jede Herausforderung anzunehmen. Die Heldin kräftigt die Oberschenkel- und Rückenmuskulatur, dehnt den Brustraum und hilft, den Atem zu vertiefen.

So geht's:

- Stehen Sie aufrecht in der Berghaltung *(Tadasana, S. 50).*
- Beim Einatmen die Arme waagerecht zur Seite strecken und mit dem linken Bein einen großen Schritt nach hinten machen. Die Füße bleiben parallel, die Beine gestreckt.
- Beim Ausatmen das rechte Bein tief beugen, bis das Knie über dem Fuß und der Unterschenkel senkrecht ist.
- Einatmen. Dabei die Arme über den Kopf heben, sodass sich die Handflächen berühren.
- Den Rücken strecken und das Brustbein nach oben hin anheben.
- Beim Ausatmen die Schulterblätter nach unten fallen lassen.
- Drei Atemzüge lang halten.
- Anschließend die Arme langsam über die Seiten nach unten sinken lassen.
- Das vordere Bein strecken und die Füße zusammenbringen.
- In der Berghaltung nachspüren.
- Dann mit dem rechten Bein nach hinten wiederholen.

VARIANTEN

Für starke Rückenmuskeln die Hände nicht zusammenführen, sondern die Arme schulterbreit und parallel über den Kopf strecken.

VORSICHT ...

... bei Herzproblemen oder hohem Blutdruck.

Vorbeuge *(Uttanasana)*

Diese Haltung entlastet die Rücken- und Nackenmuskeln und lockert die Halswirbelsäule – sie nimmt das Gewicht von den Schultern, auch im übertragenen Sinn. Darum ist sie großartig, um zur Ruhe zu kommen und neue Kraft zu schöpfen, wenn man eine Pause vom Alltag braucht. Gleichzeitig kann die Vorbeuge die Verdauung beruhigen und die Hormonproduktion ankurbeln.

So geht's:

- Stehen Sie aufrecht in der Berghaltung *(Tadasana, S. 50)*, die Knie sind leicht gebeugt.
- Die Oberschenkelmuskeln anspannen.
- Beim Einatmen die Arme seitlich anheben und über den Kopf führen.
- Die Kniegelenke beugen und den Po nach hinten schieben.
- Beim Ausatmen den Oberkörper nach vorne beugen und den Bauch auf den Oberschenkeln ablegen.
- Berühren Sie mit den Händen den Fußboden, wenn Sie können.
- Den Kopf locker nach unten hängen lassen.
- Spüren Sie, wie sich langsam die Wirbelsäule entspannt.
- Bleiben Sie etwa sechs Atemzüge lang in dieser Haltung.
- Ganz langsam wieder aufrichten, dabei erst die Hände auf den Oberschenkeln aufstützen und dann den Rücken strecken.
- In der Berghaltung nachspüren.

VARIANTEN

Legen Sie zwei dicke Bücher oder Yoga-Blocks vor sich auf den Boden, auf denen Sie Ihre Hände ablegen. Stattdessen können Sie auch die Arme über dem Kopf verschränken.

VORSICHT ...

... bei Augenerkrankungen, Zahn- oder Kopfschmerzen, Problemen mit den Atemwegen oder zu hohem Blutdruck.

Sitzhaltung *(Utkatasana)*

Die beste Yoga-Übung für einen knackigen Po und straffe Oberschenkel! Sie stärkt auf effektive Weise die Bein- und unteren Rückenmuskeln, wie Sie schon nach kurzer Zeit in dieser Haltung spüren können. Durch die nach hinten gestreckten Arme werden Brust- und Schultermuskeln trainiert. Außerdem bringt die Sitzhaltung Ausdauer und schult den Gleichgewichtssinn.

So geht's:

* Nehmen Sie die Berghaltung *(Tadasana, S. 50)* ein.
* Die Bauch- und Oberschenkelmuskeln aktivieren.
* Beim Einatmen die Arme schräg hinter den Rücken strecken.
* Die Bauchmuskeln anspannen, indem Sie die Bauchdecke nach innen ziehen.
* Beim Ausatmen langsam in die Knie gehen und den Po nach hinten schieben.
* Der Oberkörper ist leicht schräg nach vorne geneigt.
* Ziehen Sie das Becken ein wenig vorne hoch.
* Bleiben Sie etwa drei Atemzüge lang in dieser Haltung.
* Anschließend tief einatmen, die Knie strecken und beim Ausatmen die Arme sinken lassen.

VARIANTEN

Wer noch mehr für Beine und Oberschenkel tun will, geht noch ein wenig tiefer in die Hocke. Einfacher wird es, wenn Sie die Arme in Schulterhöhe nach vorne strecken.

VORSICHT ...

... bei niedrigem Blutdruck und Kopfschmerzen.

Der Bogen *(Dhanurasana)*

Gespannt und konzentriert wie ein Bogen: Mit dieser Haltung schulen Sie Ihre Aufmerksamkeit, aktivieren den ganzen Körper und vertiefen die Atmung, sodass alle Muskeln einen extra Sauerstoff-Kick bekommen. Der Bogen kräftigt den Rücken und dehnt die Schulter- und Brustmuskeln. Damit kann er hängenden Schultern vorbeugen und schafft einen wunderbaren Ausgleich zum stundenlangen Sitzen am Schreibtisch und allen Yoga-Übungen mit gerundetem Rücken. Gleichzeitig ist die Bogenhaltung ein hervorragendes Training für die Figur, denn sie fordert besonders die Pomuskeln heraus.

So geht's:

* Legen Sie sich auf den Bauch. Die Arme liegen neben dem Köper.
* Jetzt die Arme anheben und die Pomuskeln kräftig zusammenziehen.
* Beim Ausatmen den Oberkörper etwas aufrichten, die Unterschenkel anwinkeln und mit den Händen die Fußgelenke greifen.
* Die Beine noch ein wenig nach oben ziehen, sodass die Oberschenkel vom Boden abheben und ein leichtes Dehnungsgefühl entsteht. Weiteratmen.
* Zwei Atemzüge lang halten.
* Loslassen, Arme und Beine langsam ausstrecken.
* Im eingerollten Blatt *(Garbhasana, S. 26)* nachspüren.

VARIANTEN

Anfänger sollten zunächst die Oberschenkel auf dem Boden lassen.

VORSICHT …

… während der Schwangerschaft, bei Bandscheibenproblemen, Kopfschmerzen, Neigung zu Migräne oder Schilddrüsenüberfunktion.

Seitwinkelstütz

(Vasisthasana) Eine der besten Yoga-Haltungen für eine straffe Figur und mehr Kraft ist der Seitwinkelstütz: Arm- und Schultermuskeln, Po, Bauch und Rückenmuskeln werden gleichzeitig aktiviert, um in dieser Position die Balance zu halten – die perfekte Übung für einen schönen Oberkörper. Außerdem verbessert sie die Durchblutung des ganzen Körpers und macht aufmerksam und hellwach. Der Seitwinkelstütz trainiert den Gleichgewichtssinn und gibt ein Gefühl der Stärke und Ausgeglichenheit.

So geht's:

- Knien Sie im Diamantsitz *(Vajrasana, S. 24)*.
- Schieben Sie den Po nach rechts auf den Boden.
- Mit dem rechten Unterarm aufstützen. Die Beine sind angewinkelt.
- Das Ellenbogengelenk ist unter der Schulter, der Oberarm senkrecht zum Boden.
- Beim Ausatmen Bauch und Po anspannen und die Hüften so anheben, dass der Körper vom Kopf bis zu den Knien eine gerade Linie bildet. Weiteratmen.
- Etwa drei Atemzüge lang halten.
- Dann den Po langsam absenken.
- Noch zweimal wiederholen.
- Zur anderen Seite wechseln und die Übung dort dreimal ausführen.

VARIANTEN

Für Fortgeschrittene: Den Po im Seitwinkelstütz mehrmals ganz langsam bis knapp über den Boden absenken und wieder anheben. Wichtig ist, dabei bewusst zu atmen und die Übung wirklich im Zeitlupentempo auszuführen – dann ist sie am effektivsten. Wer diese Variante drauf hat, kann auch die Beine mittrainieren: Dafür die Beine strecken und ebenfalls anheben. Nur die Füße bleiben am Boden.

VORSICHT ...

... bei Problemen mit den Schultergelenken.

Schmetterling

(Supta Baddha Konasana) Einfach tief durchatmen, einfach den Rücken lockern, einfach entspannen – in der Schmetterlings-Haltung wird es Ihnen so richtig gut gehen: Sie beruhigt die Nerven und hilft, besser mit Stress umzugehen. Der Schmetterling dehnt die Oberschenkelmuskeln, öffnet die Schultern und den Brustraum und verbessert so die Atmung. Für Schwangere ist diese Pose besonders angenehm, weil sie dem wachsenden Bauch mehr Platz verschafft, das Becken weitet und Schmerzen im oberen Rücken vorbeugt. Auch bei Menstruationsbeschwerden ist diese Haltung sehr zu empfehlen, denn sie beruhigt und entspannt die Beckenorgane. Einfach hinlegen und genießen!

So geht's:

- Legen Sie ein bis zwei große Kissen auf den Boden hinter sich.
- Im Stabsitz *(Dandasana, S. 32)* vor die Kissen setzen.
- Die Beine anziehen und die Füße flach nah am Po aufstellen.
- Den Oberkörper nach hinten auf die Kissen sinken lassen.
- Die Beine öffnen, die Knie fallen zur Seite. Die Fußsohlen berühren sich.
- Die Arme liegen locker neben dem Körper auf dem Boden, die Handflächen zeigen nach oben oder unten, ganz wie Sie mögen.
- Diese Haltung soll rundum angenehm sein. Polstern Sie gegebenenfalls mit weiteren Kissen oder gefalteten Decken unter dem Kopf oder den Knien nach.
- Konzentrieren Sie sich auf Ihren Atem. Bleiben Sie in dieser Haltung, so lange Sie mögen (mindestens fünf tiefe Atemzüge lang).
- Anschließend die Beine strecken und über die Seite wieder aufsetzen.

VARIANTEN

Für Schwangere können die Kissen gar nicht dick genug sein, denn Oberkörper und Kopf sollen möglichst hoch liegen. Am besten sind zwei längliche, große Kissen, die in T-Form unter dem Rücken liegen. Um das Becken für die Geburt zu weiten, können Sie einen Yoga-Block zwischen den Füßen platzieren.

VORSICHT …

… bei Problemen mit den Hüftgelenken oder Schwangerschaft mit Neigung zur Frühgeburt. Fragen Sie im Zweifel Ihre Frauenärztin.

Grätsch-Sitz

(Upavista Konasana) Eine schöne Haltung für Kopf und Bauch, denn auf beides hat der gespreizte Sitz eine beruhigende, befreiende Wirkung. Darum tut der Grätsch-Sitz auch bei Kopfschmerzen gut. Er dehnt die inneren Oberschenkel, verbessert die Durchblutung der Beckenorgane, lockert die Hüftgelenke und den unteren Rücken. Für Schwangere ist diese Übung ebenfalls eine Wohltat, weil sie das Becken weitet. Auch Senkungsbeschwerden in der späten Schwangerschaft kann der Grätsch-Sitz mildern.

So geht's:

* Stellen Sie einen Stuhl vor sich hin.
* Im Stabsitz *(Dandasana, S. 32)* davorsetzen.
* Den Rücken aus dem Becken heraus aufrichten, die Halswirbelsäule strecken.
* Die Beine zur Grätsche öffnen.
* Die Zehen leicht zum Körper ziehen.
* Die Arme über die Seiten anheben.
* Beim Ausatmen den Oberkörper gerade nach vorne neigen und die Arme auf dem Stuhl ablegen.

VARIANTEN

Legen Sie eine gefaltete Decke oder ein festes Kissen unter den Po, damit Sie bequemer sitzen. Statt mit einem Stuhl können Sie den Grätsch-Sitz auch mit dem Rücken an einer Wand und den Händen auf den Oberschenkeln üben. Dann ist er effektiver für den Rücken und wirkt eher aktivierend als entspannend.

VORSICHT …

… bei Problemen mit den Hüftgelenken oder Schwindelgefühlen. Lassen Sie die Übung weg, wenn Sie gerade Ihre Regel haben.

Die Schildkröte

(Kurmasana) Die Schildkröte bewegt sich gemächlich, ist nie in Eile und weiß, was zu tun ist, wenn es gefährlich wird: Sie zieht sich im richtigen Moment in ihren stabilen Panzer zurück, und genau darin liegt ihre Stärke. Sich abschirmen gegen alles Hektische, einfach atmen und auf Erholung umschalten – in der Haltung der Schildkröte gelingt das auch Menschen, die sonst schwer zur Ruhe kommen. Diese Übung ist wunderbar, um nach einem ereignisreichen Tag besser einzuschlafen, denn sie beruhigt die Gedanken. Schultern und Nacken entspannen sich völlig, der Rücken wird angenehm gedehnt und die inneren Organe auf sanfte Weise angeregt.

So geht's:

- Setzen Sie sich in den Stabsitz *(Dandasana, S. 32)*.
- Die Füße in einem bequemen Abstand zum Po auf den Boden stellen.
- Die Knie zu den Seiten fallen lassen, die Fußsohlen berühren sich.
- Beim Einatmen die Arme über den Kopf heben.
- Beim Ausatmen nach vorne beugen, dabei die Hände von innen nach außen unter die Beine schieben.
- Die Hände an die Füße legen.
- Der Rücken ist gerundet.
- Den Blick nach unten richten, Kopf und Schultern sind locker.
- Tief atmen.
- Etwa vier bis fünf lange Atemzüge (oder auch länger) halten – bis Sie das Gefühl haben, zur Ruhe gekommen zu sein.
- Anschließend langsam in den Stabsitz aufrichten, die Beine strecken, die Arme locker hängen lassen.
- Mit geradem Rücken nachspüren.

VARIANTEN

Bequemer ist diese Haltung, wenn Sie die Unterarme nicht ganz auf dem Boden ablegen. Falls Sie sehr gelenkig sind, können Sie den Kopf noch weiter Richtung Boden bringen.

VORSICHT …

… bei Problemen mit den Hüftgelenken. Schwangere sollten diese Übung meiden.

Grätsch-Stand

(Prasarita Padottanasana) Diese Haltung vereint die positiven Effekte der Vorbeuge *(Uttanasana, S. 54)* mit denen des Grätsch-Sitzes *(Upavista Konasana, S. 64)*. Der Grätsch-Stand lässt Sie ruhig werden, nimmt den Druck von Schultern und Rücken und befreit den Kopf. Gleichzeitig fördert er die Durchblutung der Beckenorgane, dehnt die inneren Oberschenkelmuskeln, den Po und den unteren Rücken. Die beste Übung, wenn Sie wenig Zeit haben, aber trotzdem etwas für Körper und Seele tun möchten.

So geht's:

* Stehen Sie aufrecht in der Berghaltung *(Tadasana, S. 50)*.
* Machen Sie mit dem linken Bein einen großen Schritt zur Seite.
* Die Füße sind parallel.
* Die Arme zur Seite ausstrecken.
* Beim Ausatmen den Oberkörper aus der Hüfte heraus horizontal und ganz gerade nach vorn beugen.
* Gleichzeitig den Po nach hinten schieben.
* Die Kniegelenke ganz leicht beugen.
* Die Arme und den Kopf senkrecht nach unten hängen lassen.
* Die Hände flach auf den Boden legen. Wenn Sie können, den Oberkörper ganz nach unten strecken.
* Drei bis fünf Atemzüge lang halten.
* Anschließend die Knie beugen, die Hände auf den Schenkeln abstützen, den Rücken strecken und langsam aufrichten.
* Das linke Bein wieder neben das rechte stellen und die Füße zusammenbringen.
* In der Berghaltung nachspüren.

VARIANTEN

Eine sanftere und bei Kopfschmerzen angenehmere Variante ist, die Hände statt auf dem Boden auf einem Stuhl abzulegen. Kopf und Rücken bilden dabei eine gerade Linie.

VORSICHT ...

... bei Problemen mit den Hüftgelenken und Schwindelgefühlen.

Entspannungs-haltung

(Savasana) Auf dem Rücken liegend, mit einer Decke zugedeckt, die Gesichtsmuskeln entspannt, die Hände locker – in dieser Yoga-Pose kann Ihnen die Hektik des Diesseits überhaupt nichts anhaben. Deshalb heißt sie wörtlich auch »die Totenhaltung«. Das Schöne daran: In der Entspannungshaltung regenerieren sich Körper und Geist, die Nerven beruhigen sich. Und danach fühlen Sie sich ausgeglichen, frisch und bereit, aufzustehen und ins volle Leben zurückzukehren.

So geht's:

- ✻ Legen Sie sich auf den Rücken.
- ✻ Die Beine ausstrecken und etwas öffnen, die Füße sind locker.
- ✻ Die Arme liegen lang neben dem Körper, die Handflächen nach oben.
- ✻ Die Halswirbelsäule strecken, indem Sie das Kinn ein wenig in Richtung Brustbein senken.
- ✻ Die Gesichtsmuskeln entspannen. Die Augen schließen, tief einatmen.
- ✻ Stellen Sie sich beim Ausatmen vor, wie Ihr Körper in den Boden sinkt.
- ✻ Nun atmen Sie ganz normal weiter und beobachten, wie der Atem kommt und geht. Ganz von selbst.
- ✻ Bleiben Sie etwa fünf bis zehn Minuten lang so.
- ✻ Anschließend wohlig dehnen und rekeln, die Beine anziehen und über die Seite zum Sitzen aufrichten.

VARIANTEN

Ein kleines Kissen oder eine gefaltete Decke unter dem Kopf machen diese Haltung noch angenehmer. Legen Sie eine weitere Wolldecke in Griffnähe, damit Sie sich zudecken können, falls Ihnen während der Übung kalt wird. Mit den Unterschenkeln auf einem Stuhl oder den Füßen an einer Wand ist sie besonders wohltuend für den unteren Rücken.

VORSICHT …

… während der späten Schwangerschaft, dann ist die Rückenlage unangenehm. Lieber auf der Seite liegen oder auf die Schmetterlings-Haltung (S. 62), bei der der Oberkörper leicht erhöht liegt, ausweichen.

14 Yoga-Programme für Körper und Seele

Sie haben die Wahl: Ob Sie sich erst einmal mit Katze und Tiger so richtig warm machen möchten, mit der Berg- und Heldenposition Ihr Selbstbewusstsein stärken oder lieber in der Bootshaltung und mit der Schulterbrücke etwas für die Figur tun wollen – die BRIGITTE-Yoga-Programme bieten jeder Frau genau das, was sie gerade braucht.

Zum Aufwärmen:

Der kleine Sonnengruß

Der kleine Sonnengruß lockert die Wirbelsäule, stärkt Bein- und Pomuskeln mit der Katzenhaltung, aktiviert den ganzen Körper mit dem Hund und bietet mit dem eingerollten Blatt einen herrlichen Ausgleich und Entspannung für den Rücken. Wenn Sie noch nie vorher Yoga gemacht haben, ist diese Sequenz der ideale Einstieg: Sie ist leicht zu lernen, einfach in der Ausführung und bietet Ihnen sofort die positiven, entspannenden und aktivierenden Effekte, die man sich vom Yoga wünscht. Besonders zu empfehlen ist der kleine Sonnengruß als leichtes Aufwärm-Training vor einem sportlicheren Programm wie z. B. dem für eine gute Figur (S. 92) oder dem Anti-Age-Programm (S. 128).

1. Diamantsitz und Kniestand

Vajrasana, S. 24

Knien Sie sich hin, die Füße sind unter dem Po. Die Hände flach auf den Oberschenkeln ablegen. Die Wirbelsäule aufrichten. Die Halswirbelsäule strecken, indem Sie das Kinn ein wenig absenken. Beim Einatmen den Po anheben, sodass Sie in den Kniestand kommen. Gleichzeitig die Arme über den Kopf heben.

2. Eingerolltes Blatt

** Garbhasana, S. 26 **

Beim Ausatmen senken Sie den Po wieder und beugen den Oberkörper nach vorne. Legen Sie die Handflächen auf dem Boden ab. Berühren Sie mit der Stirn den Fußboden und genießen Sie die Einkehr nach innen. Bleiben Sie ein bis zwei Atemzüge so. Beim nächsten Einatmen kommen Sie danach in die Katze mit gestrecktem Rücken (siehe Schritt 3).

3. Die Katze

** Cakravakasana, S. 28 **

Kommen Sie aus dem eingerollten Blatt hoch in den Vierfüßlerstand, also die Katze mit gestrecktem Rücken. Atmen Sie dabei ein. Die Hände im Abstand der Schultergelenke auf dem Boden aufsetzen. Beim Ausatmen den Rücken rund machen, dabei das Steißbein einziehen, sodass Sie nun in der Katze mit rundem Rücken sind. Beim Einatmen strecken Sie den Po wieder nach hinten. Der Brustkorb hebt sich, Kopf und Dekolleté zeigen nach vorne. Der Rücken bildet einen harmonischen Bogen vom Steißbein bis zum Hinterkopf. Der Kopf in Verlängerung der Wirbelsäule, die Halswirbelsäule ist gestreckt. Beim Ausatmen den Rücken rund machen, dabei das Steißbein einziehen.

4. Der Tiger

Vyaghrasana, S. 29

Strecken Sie beim Einatmen das linke Bein nach hinten und den rechten Arm nach vorne aus. Der Rücken wird dabei wieder gerade. Beim Ausatmen wieder in die Ausgangsposition, die Katze mit dem gerundeten Rücken, gehen. Mit dem rechten Bein und linken Arm wiederholen. Danach wieder die Katzenhaltung mit geradem Rücken einnehmen.

5. Der Hund

Adho Mukha Svanasana, S. 30

Die Füße aufstellen, sodass nur die Zehen auf dem Boden sind. Beim Ausatmen heben Sie die Knie an, geben Kraft in die Hände und Arme und schieben sich nach oben, indem Sie die Beine strecken und den Po Richtung Decke heben. Die Fersen fest auf die Unterlage drücken. Die Arme sind ganz gestreckt, der Atem gleichmäßig und tief.

6. Das Brett

** Caturanga Dandasana, S. 30 **

Beim Ausatmen den Po senken und Oberkörper und Kopf aufrichten. Rücken und Beine bilden eine schiefe Ebene, die Knie sind vom Boden abgehoben. Bauch- und Pomuskeln fest anspannen. Rücken und Halswirbelsäule sind gerade. Die Arme bleiben gestreckt, die Zehen am Boden. Achten Sie auf einen gleichmäßigen Atem.

7. Eingerolltes Blatt

** Garbhasana, S. 26 **

Lassen Sie die Knie beim Einatmen wieder auf den Boden sinken. Danach beim Ausatmen den Oberkörper nach hinten ziehen und den Po auf den Füßen ablegen. Die Arme sind lang nach vorn gestreckt. Berühren Sie mit der Stirn den Boden. Genießen Sie die Einkehr nach innen und bleiben Sie etwa drei Atemzüge lang in dieser Haltung.

Tipps

Da dieses Mini-Ganzkörpertraining auf dem Boden stattfindet, brauchen Sie eine gute Unterlage. Für den Hund ist eine spezielle haftende Yogamatte nützlich, weil man sonst leicht mit den Füßen und Händen wegrutscht. Beim Sonnengruß ist es besonders wichtig, Atmung und Bewegung in Einklang zu bringen. Das erfordert so große Konzentration, dass sich der Geist mit nichts anderem mehr beschäftigen kann – Sorgen und Stress sind plötzlich wie weggewischt.

Versuchen Sie, den kleinen Sonnengruß nun mehrmals zu wiederholen. Sie werden bemerken, dass Sie ihn mit der Zeit immer fließender durchturnen können. Richten Sie Ihre ganze Aufmerksamkeit auf den Ablauf und die Empfindungen Ihres Körpers, sodass Sie das Ineinanderfließen der Bewegungen genießen können.

Für die innere *Balance*

Wenn Sie manchmal das Gefühl haben, dass Ihnen alles zu viel wird, Sie keine Ruhe mehr finden und vielleicht sogar stressbedingte Magen-, Kopf- oder Rückenschmerzen haben, dann ist diese Yoga-Sequenz perfekt: Die Berghaltung gibt Standfestigkeit und Selbstvertrauen. Mit dem Yoga-Baum üben Sie das Balancehalten, sowohl körperlich als auch seelisch. Die folgenden Dreh-Haltungen bringen Ihre Körperseiten miteinander in Einklang. Außerdem dehnen und kräftigen sie die Rückenmuskeln und helfen so, Verspannungen zu lösen. Die Knieschaukel ist eine Wohltat für den unteren Rücken und lässt Sie ruhig und gelassen werden. Eine super Einstimmung für die kurze Meditation am Schluss, die hilft, Abstand zum Alltag zu gewinnen und zur Ruhe zu kommen.

1. Der Berg

** Tadasana, S. 50 **

Stehen Sie aufrecht. Der Abstand der Füße ist so, dass ein weiterer Fuß dazwischenpassen würde. Tief ein- und ausatmen. Bleiben Sie so lange in dieser Haltung, bis Sie das Gefühl haben, schon ein wenig zur Ruhe gekommen zu sein.

2. Der Baum

** Vrksasana, S. 22 **

Verlagern Sie das Gewicht auf das linke Bein. Den rechten Fuß ans linke Bein setzen. Etwa fünf Atemzüge lang halten. Falls Sie wackeln, setzen Sie den Fuß ab und stabilisieren sich in der Berghaltung. Tief ein- und ausatmen, dann erneut versuchen. Anschließend wieder in der Berghaltung stehen und nachspüren.

Tipps

Nehmen Sie sich zwei- bis dreimal pro Woche abends eine halbe Stunde Zeit für diese Sequenz. Seien Sie nicht zu ehrgeizig – es ist ganz normal, wenn Sie sich bei der Berg- und Baumhaltung etwas wacklig fühlen und nicht allzu lange durchhalten. Aber schon nach zwei bis drei Malen klappen diese Asanas viel besser. Möglicherweise können Sie besser abschalten, wenn im Hintergrund Entspannungsmusik läuft (z. B. »Zur Ruhe kommen mit Yoga-Musik« aus der BRIGITTE-Reihe »Schön entspannt«). Keine Sorge, wenn Sie während der Meditation an den Streit mit der Kollegin, Ihre Lieblings-Soap oder den Wochenendeinkauf denken müssen – für Anfängerinnen ist das völlig okay. Einfach mehrmals tief atmen und es immer wieder probieren! Irgendwann schaltet der Geist ganz von allein auf Entspannung, sobald Sie sich im Schneidersitz hinsetzen. Gönnen Sie sich dafür Zeit. Und mit jedem Üben sind Sie Ihrer inneren Balance ein Stückchen näher.

3. Schneidersitz mit Drehung

** Sukhasana S. 35 **

In den Schneidersitz setzen. Beim Ausatmen langsam die Arme seitlich hochheben. Die Handflächen zeigen nach vorne, die Hände sind auf Schulterhöhe, die Ellenbogen leicht gebeugt. Beim nächsten Ausatmen den Oberkörper nach rechts drehen und über die Schulter blicken. Etwa vier Atemzüge lang halten. Beim Ausatmen zurück in die Ausgangsposition drehen. Dann die Übung nach links wiederholen und danach jede Seite noch zweimal. Beim Ausatmen die Arme sinken lassen und nachspüren.

4. Drehsitz

Ardha Matsyendrasana, S.34

Die Beine ausstrecken, sodass Sie im Langsitz sitzen. Den linken Fuß über das rechte Bein führen und aufstellen. Das linke Knie mit dem rechten Arm umfassen. Die linke Hand hinter der Schulter auf den Boden setzen. Beim Ausatmen Oberkörper und Kopf nach links drehen. Etwa acht Atemzüge halten. Im Stabsitz nachspüren. Danach mit gestrecktem linken und angezogenem rechten Bein üben, anschließend jede Richtung noch einmal.

5. Knieschaukel

**Apanasana, S. 44 **

Legen Sie sich auf den Rücken. Die Beine hüftbreit aufstellen. Der Rücken liegt ganz flach auf der Matte. Heben Sie die Knie in Richtung Bauch, sodass die Oberschenkel senkrecht zum Boden sind. Die Knie von oben mit den flachen Händen fassen. Beim Ausatmen die Knie langsam an den Oberkörper heranziehen. Die Hände bleiben die ganze Zeit auf den Knien. Beim Einatmen die Knie wieder zurückbewegen.
So lange wiederholen, bis Sie deutlich spüren, dass Ihr Atem langsamer geworden ist. Anschließend strecken Sie die Beine lang aus und spüren kurz in der Entspannungshaltung nach. Dann kommen Sie über die Seite hoch und setzen sich in den Schneidersitz.

6. Meditation im Schneidersitz

** Sukhasana, S. 48 **

Machen Sie es sich so richtig bequem: Im Schneidersitz mit einer gefalteten Decke oder einem festen Kissen unter dem Po oder, falls Sie sich damit wohler fühlen, auf einem Stuhl. Die Hände im Schoß zusammenführen oder auf den Knien ablegen. Jetzt auf den Atem konzentrieren: Spüren, wie die Luft beim Einatmen in die Nase ein wenig kühler ist als beim Ausatmen. Gedanken an Alltagssorgen werden dabei immer wieder auftauchen. Lassen Sie sie für einen Moment zu und verabschieden sich dann innerlich von ihnen. Bleiben Sie freundlich und geduldig mit sich. Steigern Sie die Meditationszeit Woche für Woche: Zunächst reichen zwanzig tiefe Atemzüge, dann auf vierzig erhöhen, und so weiter.

Für mehr

Energie

Wenn Sie morgens selbst nach zwei Tassen Espresso und einer kalten Dusche noch nicht die Augen aufbekommen, probieren Sie es doch mal mit dieser Yoga-Sequenz: Berg- und Heldenpose vertiefen die Atmung und pumpen so Sauerstoff in die müden Blutbahnen. Außerdem stärken diese Haltungen Gleichgewicht und Selbstbewusstsein und lassen Sie optimistisch in den Tag blicken. In der Sitzhaltung aktivieren Sie die Bein- und Rückenmuskeln und tanken Kraft und Ausdauer. Zum Abschluss sammeln Sie sich noch einmal in der Vorbeuge, holen tief Luft – und sind wach und voller Energie für einen neuen Tag!

2. Der Berg

mit nach oben gestreckten Armen

** Tadasana, S. 50 **

Heben Sie beim Ausatmen beide Arme über den Kopf. Die Handflächen zeigen zueinander. Atmen Sie weiterhin tief.

1. Der Berg

** Tadasana, S. 50 **

Stehen Sie aufrecht. Die Knie sind nicht durchgedrückt, sondern ganz leicht gebeugt. Sie stehen elastisch. Das Becken vorne etwas hochziehen, den Po leicht anspannen. Richten Sie den Rücken auf und strecken Sie die Halswirbelsäule, indem Sie das Kinn ein wenig sinken lassen. Der Blick ist ruhig und entspannt nach vorne gerichtet. Tief ein- und ausatmen.

Tipps

Üben Sie am besten vor dem Frühstück, denn mit einem vollen Magen ist Yoga nicht empfehlenswert. Wenn Sie sich für dieses Programm etwa zwei- bis dreimal pro Woche Zeit nehmen, spüren Sie nach kurzer Zeit die Effekte im Alltag und fühlen sich insgesamt wacher und fitter. Das Schöne an diesem Programm: Sie können es überall ausführen, weil Sie keine Unterlage brauchen – großartig, um auch akuten Müdigkeitsanfällen gegenzusteuern. Da sie in der Berghaltung beginnt und endet, können Sie diese Sequenz für einen besseren Effekt ein paarmal wiederholen. Sie lässt sich übrigens auch hervorragend mit anderen Yoga-Programmen kombinieren, zum Beispiel mit dem für eine gute Figur (S. 92).

3. Sitzhaltung

** Utkatasana, S. 56 **

Die Oberschenkelmuskeln aktivieren. Die Bauchmuskeln anspannen, indem Sie die Bauchdecke nach innen ziehen. Beim Ausatmen langsam in die Knie gehen und den Po nach hinten schieben. Den Oberkörper neigen und die Arme hinter dem Rücken leicht nach oben ziehen. Kippen Sie das Becken ein wenig nach vorne. Bleiben Sie etwa drei Atemzüge lang in dieser Haltung. Anschließend tief einatmen, die Knie strecken und beim Ausatmen die Arme sinken lassen. In der Berghaltung kurz nachspüren.

4. Die Heldin

** Virabhadrasana, S. 52 **

Die Arme in der Berghaltung waagerecht zur Seite strecken. Mit dem linken Bein einen großen Schritt nach hinten machen. Die Füße bleiben dabei parallel. Das rechte Bein tief beugen, bis das Knie über dem Fuß und der Unterschenkel senkrecht ist. Einatmen und gleichzeitig die Arme über den Kopf heben, sodass sich die Handflächen berühren. Den Rücken strecken und das Brustbein nach oben hin anheben. Die Schulterblätter nach unten bringen. Drei Atemzüge lang halten. Anschließend die Arme zur Seite sinken lassen. Das vordere Bein strecken und die Füße zusammenführen. Dann mit dem rechten Bein wiederholen. In der Berghaltung nachspüren.

5. Vorbeuge

** Uttanasana, S. 54 **

Die Oberschenkelmuskeln anspannen. Die Arme seitlich anheben und dann über den Kopf führen. Die Kniegelenke beugen und den Po nach hinten schieben. Den Oberkörper nach vorne beugen und den Bauch auf den Oberschenkeln ablegen. Mit den Händen den Fußboden berühren. Den Kopf locker nach unten hängen lassen. Drei Atemzüge lang so bleiben. Langsam wieder aufrichten, dabei die Hände auf den Oberschenkeln aufstützen und den Rücken strecken. In der Berghaltung nachspüren.

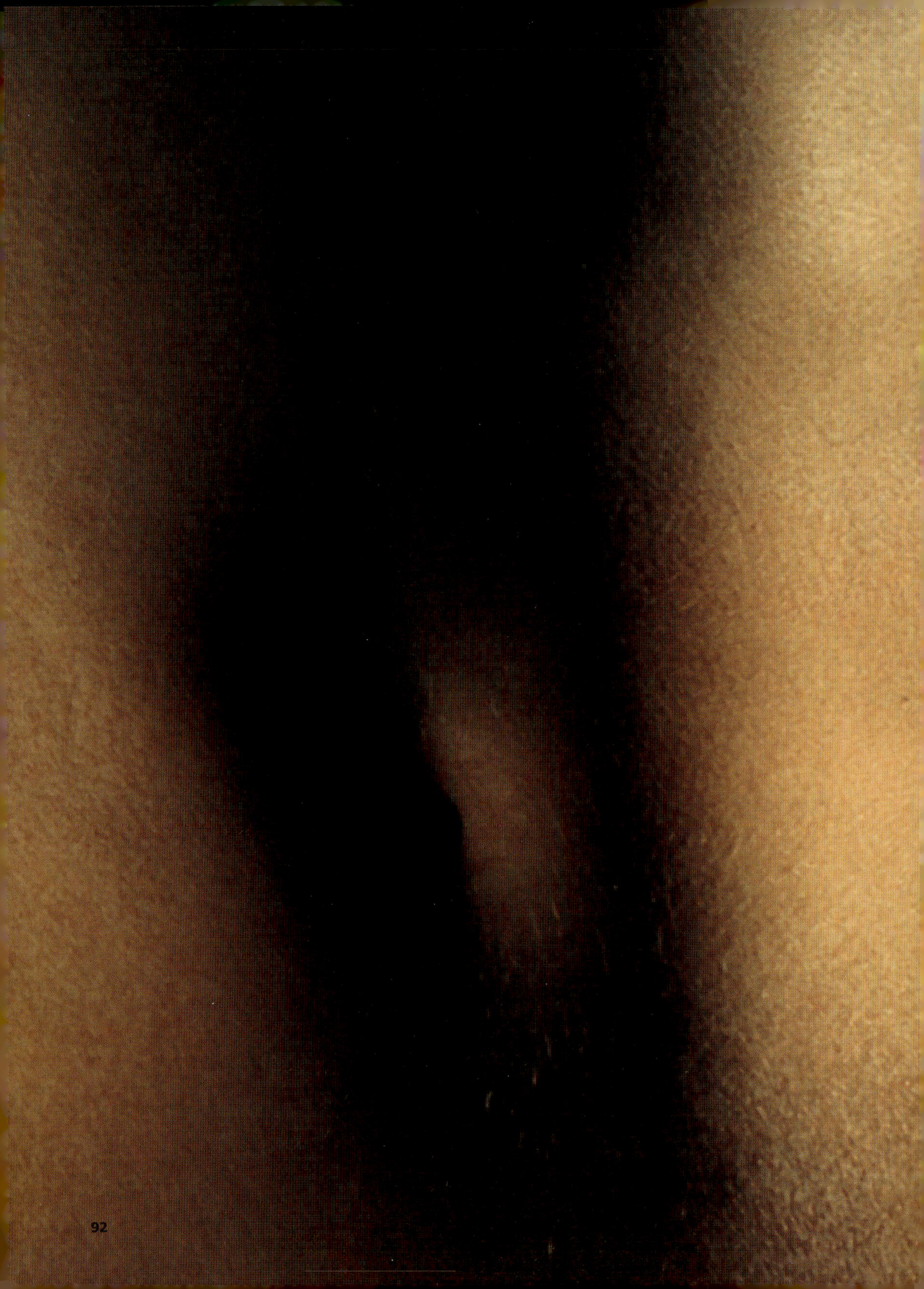

Für die *Figur*

Straffe Arme, ein flacher Bauch, durchtrainierte Beine und ein fester Po – dafür brauchen Sie nicht ins Fitness-Studio zu gehen. Sie können auch mit Yoga richtig was tun, denn viele Haltungen sind Kraftübungen, die die Muskeln an den entscheidenden Stellen straffen: Das Boot trainiert die Bauchmuskeln genauso gut wie klassische Sit-ups. Der Seitwinkelstütz macht eine schöne Taille, und in der Bogenhaltung ist die Körperrückseite dran. Die Heldenpose trainiert die Oberschenkel auf höchst effektive Weise und ist damit wunderbar für schöne Beine. Die Heldin spendet Selbstbewusstsein – wichtig für eine aufrechte Haltung, die wie ein Lifting für den ganzen Körper wirkt. In der Sitzhaltung tun Sie noch einmal etwas für Schultern, Rücken und Schenkel. Ein komplettes Figur-Workout, das ganz ohne Hilfsmittel auskommt.

1. Das Boot

** Paripurna Navasana, S. 36 **

Sie liegen in der Entspannungshaltung *(Savasana, S. 70)*. Die Arme neben den Körper legen. Die Knie anziehen und die Füße vor dem Po auf den Boden setzen. Beim Ausatmen die Bauchmuskeln anspannen, indem Sie die Bauchdecke einziehen. Weiteratmen. Die Unterschenkel waagerecht anheben. Beim Ausatmen Arme und den Kopf heben. Weiteratmen. Abwechselnd die Knie zur Brust ziehen und das jeweils andere Bein gerade ausstrecken. Etwa zehnmal wiederholen. Beim Ausatmen langsam Kopf und Arme ablegen und die Füße wieder aufsetzen.

2. Seitwinkelstütz

** Vasisthasana, S. 60 **

Knien Sie im Diamantsitz *(Vajrasana, S. 24)*. Schieben Sie den Po nach rechts auf den Boden. Mit dem rechten Unterarm aufstützen, die Beine angewinkelt lassen. Das Ellenbogengelenk ist unter der Schulter, der Oberarm senkrecht zum Boden. Beim Ausatmen Bauch und Po anspannen und den Po so anheben, dass der Körper vom Kopf bis zu den Knien eine gerade Linie bildet. Weiteratmen. Etwa drei Atemzüge lang halten. Dann den Po langsam absenken. Noch zweimal wiederholen. Zur anderen Seite wechseln und die Übung dort dreimal ausführen.

Tipps

Für dieses eher sportliche Yoga-Programm sollten Sie sich ein wenig aufwärmen. Entweder mit dem Kleinen Sonnengruß (S. 74) oder mit ein paar Minuten lockeren Joggings. Wenn Sie abnehmen wollen, ist die Kombination aus Laufen und Figur-Yoga super – dann sollten Sie aber die Laufzeit vor dem Yoga-Programm langsam auf mindestens 40 Minuten steigern, damit die Fettverbrennung in Gang kommt, und zwei- bis dreimal pro Woche trainieren. Am effektivsten ist so ein Figur-Training morgens vor dem Frühstück.

3. Der Bogen

** Dhanurasana, S. 58 **

Legen Sie sich auf den Bauch, die Arme neben dem Körper. Die Arme nach hinten ausstrecken. Die Pomuskeln kräftig zusammenziehen. Beim Ausatmen den Oberkörper anheben, die Unterschenkel anwinkeln und mit den Händen die Fußgelenke greifen. Die Beine noch ein wenig nach oben ziehen, sodass die Oberschenkel vom Boden abheben und ein leichtes Dehnungsgefühl entsteht. Weiteratmen. Zwei Atemzüge lang halten. Loslassen, Arme und Beine langsam ausstrecken. Im eingerollten Blatt *(Garbhasana, S. 26)* nachspüren.

4. Die Heldin

** Virabhadrasana, S. 52 **

Stehen Sie aufrecht in der Berghaltung *(Tadasana, S. 50)*. Die Arme waagerecht zur Seite strecken. Mit dem linken Bein einen großen Schritt nach hinten machen. Die Füße bleiben dabei parallel. Das rechte Bein tief beugen, bis das Knie über dem Fuß und der Unterschenkel senkrecht ist. Einatmen. Dabei die Arme über den Kopf heben, sodass sich die Handflächen berühren. Den Rücken strecken und das Brustbein anheben. Die Schulterblätter nach unten absenken. Drei Atemzüge lang halten. Anschließend die Arme zur Seite sinken lassen. Das vordere Bein strecken und die Füße zusammenführen. Dann wiederholen, diesmal mit dem rechten Bein nach hinten. In der Berghaltung nachspüren.

5. Sitzhaltung

** Utkatasana, S. 56 **

In der Berghaltung die Bauch- und Oberschenkelmuskeln aktivieren, indem Sie die Bauchdecke nach innen ziehen. Beim Einatmen die Arme hinter dem Rücken leicht nach oben ziehen. Ausatmen und dabei langsam in die Knie gehen und den Po nach hinten schieben. Der Oberkörper ist geneigt. Kippen Sie das Becken ein wenig nach vorne. Bleiben Sie etwa drei Atemzüge lang in dieser Haltung. Anschließend tief einatmen, die Knie strecken und beim Ausatmen die Arme sinken lassen.

6. Vorbeuge

** Uttanasana S. 54 **

Sie stehen aufrecht in der Berghaltung. Die Oberschenkelmuskeln anspannen. Die Arme seitlich anheben und dann über den Kopf führen. Die Kniegelenke leicht beugen und den Po nach hinten schieben. Den Oberkörper nach vorne beugen und den Bauch auf den Oberschenkeln ablegen. Berühren Sie mit den Händen den Fußboden, wenn Sie können. Den Kopf locker nach unten hängen lassen. Spüren Sie, wie sich langsam die Wirbelsäule entspannt. Bleiben Sie etwa sechs Atemzüge lang in dieser Haltung. Ganz langsam wieder aufrichten, dabei die Hände auf den Oberschenkeln aufstützen und dann den Rücken strecken. In der Berghaltung nachspüren.

In der *Schwangerschaft*

Während der Schwangerschaft gibt es kein schöneres Workout als Yoga: Sie bleiben fit und beweglich, lernen, auf Ihre Körpersignale zu hören und sich für die Geburt zu entspannen, und tanken Kraft und Energie. Wenn sich der wachsende Bauch bemerkbar macht, es öfter mal im Rücken zieht und Sie das Bedürfnis haben, einfach ganz ungestört zu sein, probieren Sie diese Yoga-Sequenz speziell für Schwangere: Die Katze vertieft die Atmung, der Schmetterling schafft Platz für den Bauch und weitet das Becken, das Krokodil entspannt den Rücken, und die folgenden Grätsch-Haltungen fördern die Durchblutung der Bauchorgane. In der anschließenden Meditation haben Sie Zeit, sich ganz auf sich selbst und Ihr ungeborenes Kind zu konzentrieren und sich auf das Kommende einzustimmen.

1. Die Katze

⁎ Cakravakasana, S. 28 ⁎

Knien Sie sich in den Vierfüßlerstand. Die Hände im Abstand der Schultergelenke auf dem Boden aufsetzen. Die Finger spreizen. Die Knie faustbreit auseinander. Den Po so heben, dass die Oberschenkel senkrecht sind. Das Gewicht des Körpers ist auf Knien und Händen gleichmäßig verteilt. Beim Ausatmen den Rücken rund machen, dabei das Steißbein einziehen. Der Blick geht zu den Knien. Beim Einatmen strecken Sie den Po wieder nach hinten. Der Brustkorb hebt sich, Kopf und Dekolleté zeigen nach vorne, die Halswirbelsäule ist gestreckt. Der Rücken bildet einen harmonischen Bogen vom Steißbein bis zum Hinterkopf. Beim Ausatmen wieder in die Katzenbuckel-Haltung gehen. Etwa fünfmal wiederholen.

2. Der Schmetterling

⁎ Supta Baddha Konasana, S. 62 ⁎

Legen Sie zwei große, längliche Kissen T-förmig auf den Boden hinter sich. Im Stabsitz *(Dandasana, S. 32)* vor die Kissen setzen. Die Beine anziehen, die Füße flach nah am Po aufstellen. Den Oberkörper nach hinten auf die Kissen sinken lassen. Die Beine öffnen, die Knie fallen zur Seite. Die Fußsohlen berühren sich. Die Arme liegen locker neben dem Körper auf dem Boden, die Handflächen zeigen nach oben oder unten, ganz wie Sie mögen. Diese Haltung soll rundum angenehm sein. Polstern Sie gegebenenfalls mit weiteren Kissen oder gefalteten Decken unter dem Kopf oder den Knien nach. Konzentrieren Sie sich auf Ihren Atem. Bleiben Sie mindestens fünf tiefe Atemzüge lang so. Anschließend die Beine strecken und über die Seite wieder aufsetzen.

3. Das Krokodil

** Makarasana, S. 38 **

Legen Sie sich auf den Rücken, ziehen Sie die Knie an und stellen Sie die Füße flach auf den Boden. Wählen Sie den Abstand der Füße so, dass es für Sie bequem und angenehm ist – also eher breiter als enger. Die Arme zur Seite ausstrecken, die Handflächen zeigen nach oben. Beim Ausatmen die Knie langsam nach rechts fallen lassen, so weit das möglich ist. Den Kopf gleichzeitig ein wenig nach links drehen, dabei nicht überdehnen. Die Schultern bleiben auf dem Boden. Etwa drei Atemzüge lang halten. Dann Kopf und Knie aufrichten. Die Übung zur anderen Seite wiederholen. Wenn Sie mögen, beide Richtungen drei- bis sechsmal im Wechsel üben.

4. Grätsch-Stand

*mit den Händen auf einem Stuhl * Prasarita Padottanasana, S. 69 **

Stellen Sie einen Stuhl in etwa einem Meter Abstand halb links vor sich auf. Stehen Sie in der Berghaltung *(Tadasana, S. 50).* Machen Sie mit dem linken Bein einen großen Schritt zur Seite, sodass sich der Stuhl vor Ihrem Oberkörper befindet. Die Füße sind parallel. Die Arme zur Seite ausstrecken. Beim Ausatmen den Oberkörper aus der Hüfte heraus horizontal und ganz gerade nach vorn beugen. Gleichzeitig den Po nach hinten schieben. Die Kniegelenke sind locker, nicht durchgedrückt. Die Arme nach vorn bringen und auf der Sitzfläche des Stuhls ablegen. Der Rücken soll waagerecht sein. Etwa zwei bis drei Atemzüge lang halten. Anschließend langsam aufrichten, indem Sie die Knie etwas beugen, die Hände auf den Schenkeln abstützen, den Rücken strecken und hochkommen. Die Füße zusammenbringen. In der Berghaltung nachspüren.

5. Grätsch-Sitz

** Upavista Konasana, S. 64 **

Setzen Sie sich vor den Stuhl. Rücken und Halswirbelsäule aufrichten und die Beine zur Grätsche öffnen. Die Zehen etwas zum Körper ziehen und die Arme über die Seite anheben. Beim Ausatmen den Oberkörper gerade nach vorne neigen und die Unterarme auf dem Stuhl ablegen.

Tipps

Für Schwangere gilt beim Yoga noch mehr als sonst: Alles, was sich nicht gut anfühlt, meiden. Fragen Sie im Zweifel Ihre Frauenärztin oder Hebamme – besonders, wenn bei Ihnen eine Risikoschwangerschaft mit Neigung zur Frühgeburt vorliegt.

Für das Yoga-Programm für Schwangere brauchen Sie einen Stuhl, auf dem Sie in den Grätsch-Haltungen die Arme ablegen. Wenn Sie als Schwangere Yoga üben, sind die gefaltete Decke unter dem Po und dicke Kissen im Rücken generell empfehlenswert. Besorgen Sie sich am besten schon jetzt ein Stillkissen. Das ist nicht nur beim Yoga angenehm (z. B. als Sitzunterlage oder Rückenpolster in der Schmetterlingshaltung), sondern auch beim Schlafen auf der Seite.

6. Meditation im Schneidersitz

** Sukhasana S. 48 **

Machen Sie es sich so richtig bequem: Im Schneidersitz mit einer gefalteten Decke oder einem festen Kissen unter dem Po oder auf einem Stuhl. Die Wirbelsäule aus dem Becken heraus aufrichten. Die Halswirbelsäule strecken. Die Schultern nach hinten und unten sinken lassen. Die Hände im Schoß zusammenführen oder auf den Knien oder dem Bauch ablegen. Jetzt auf den Atem konzentrieren: Spüren, wie die Luft beim Einatmen in die Nase kühler ist als beim Ausatmen. Stellen Sie sich vor, wie Sie und das Kind die Geburt bewältigen: Atmen Sie tief, sammeln Sie Kraft. Mit jeder Wehe sind Sie dem Ziel ein Stück näher. Visualisieren Sie, wie Ihr Kind danach in Ihren Armen liegt. Genießen Sie diese Vorstellung!

Nach der *Geburt*

Das Baby schläft oder der Vater dreht eine Runde mit dem Kinderwagen – und Sie haben eine halbe Stunde nur für sich. Dann gönnen Sie sich etwas! Wir wär's mit dieser Yoga-Sequenz? Mit der Schulterbrücke tun Sie auf sanfte, aber effektive Weise etwas für schöne Beine und einen straffen Po. Im Schneidersitz mit Kuhkopf-Armen dehnen Sie Schultern und Nacken, die vom Stillen vielleicht ein wenig verspannt sind. Die Katzenhaltung stärkt den strapazierten Rücken, und der Hund trainiert Arm- und Schultermuskeln. Anschließend legen Sie noch ein wenig die Beine hoch – angenehm für den unteren Rücken und herrlich, um zwischendurch mal vom Baby-Alltag abzuschalten.

1. Schulterbrücke

** Setu Bandha, S. 42 **

Sie liegen in der Entspannungshaltung *(Savasana, S. 70)*. Die Knie zum Körper ziehen und die Füße flach aufstellen. Die Arme neben den Körper legen, die Handflächen nach unten. Wenn Sie können, den Beckenboden aktivieren. Beim Ausatmen gleichzeitig den Bauch anspannen und Po und Rücken anheben. Oberschenkel und Oberkörper bilden eine gerade Linie. Etwa drei Atemzüge halten. Erst den Rücken und dann den Po langsam absenken. Etwa dreimal wiederholen.

2. Schneidersitz mit Kuhkopf-Armen

** Gomukhasana, S. 49 **

Machen Sie es sich so richtig bequem: Im Schneidersitz mit einer gefalteten Decke oder einem festen Kissen unter dem Po oder, falls Sie sich damit wohler fühlen, auf einem Stuhl. Die Wirbelsäule aus dem Becken heraus aufrichten. Die Halswirbelsäule strecken und das Kinn ein wenig nach unten nehmen. Den Bauch ganz leicht anspannen. Die Schultern nach hinten und unten sinken lassen. Den linken Arm hinter den Rücken führen und den Unterarm so weit wie möglich nach oben schieben. Den rechten Arm über den Kopf strecken. Den rechten Ellenbogen beugen und den Unterarm hinter den Rücken führen. Versuchen Sie, die Hände zusammenzubringen. Bleiben Sie etwa zwei Atemzüge lang so. Anschließend mit umgekehrter Armstellung wiederholen.

3. Die Katze

** Cakravakasana, S. 28 **

Knien Sie sich in den Vierfüßlerstand. Die Hände im Abstand der Schultergelenke auf dem Boden aufsetzen. Die Knie faustbreit auseinander. Den Po so heben, dass die Oberschenkel senkrecht sind. Das Gewicht des Körpers ist auf Knien und Händen gleichmäßig verteilt. Beim Ausatmen den Rücken rund machen, dabei das Steißbein einziehen. Beim Einatmen strecken Sie den Po wieder nach hinten. Der Brustkorb hebt sich, Kopf und Dekolleté zeigen nach vorne. Der Rücken bildet einen harmonischen Bogen vom Steißbein bis zum Hinterkopf. Beim Ausatmen wieder in die Katzenbuckel-Haltung gehen. Etwa fünfmal wiederholen.

4. Der Hund

Adho Mukha Svanasana, S. 30

In der Katzenhaltung mit geradem Rücken stellen Sie die Füße auf, sodass nur die Zehen auf dem Boden sind. Beim Ausatmen heben Sie die Knie an, geben Kraft in die Hände und Arme und schieben sich nach oben, indem Sie die Beine strecken und den Po Richtung Decke heben. Drücken Sie die Fersen fest auf die Unterlage. Achten Sie darauf, die Arme ganz gestreckt zu halten und gleichmäßig und tief zu atmen.

Tipps

Nach der Geburt braucht Ihr Körper zunächst Erholung: Der Beckenboden muss sich regenerieren können, Wunden und Nähte in Ruhe heilen dürfen, dann kehren Kraft und Lust auf Bewegung bald zurück. Ehrgeiz ist, wie immer beim Yoga, nicht angebracht! Frühestens sechs Wochen nach der Geburt können Sie mit dieser Yoga-Sequenz beginnen, am besten begleitet durch Rückbildungsgymnastik unter Anleitung einer Hebamme. Auch Spaziergänge mit dem Baby sind ideal, um auf sanfte Art fit zu werden.

5. Entspannungshaltung mit hochgelagerten Beinen

** Savasana, S. 71 **

Stellen Sie einen Stuhl vor sich auf. Liegen Sie auf dem Rücken, sodass Sie die Unterschenkel auf der Sitzfläche des Stuhls ablegen können. Die Beine etwas öffnen, die Füße sind locker. Die Arme liegen lang neben dem Körper, die Handflächen nach oben. Die Halswirbelsäule strecken, indem Sie das Kinn ein wenig in Richtung Brustbein senken. Die Gesichtsmuskeln entspannen. Die Augen schließen und tief atmen. Nun atmen Sie ganz normal weiter und beobachten, wie der Atem kommt und geht. Ganz von selbst – so, wie er es immer tut. Bleiben Sie etwa fünf bis zehn Minuten lang in dieser Haltung. Anschließend den Körper wohlig dehnen und rekeln, die Beine anziehen und über die Seite zum Sitzen aufrichten.

Für eine gute *Nacht*

Wer sich nachts öfter ruhelos im Bett hin- und herwälzt, schon beim kleinsten Geräusch aufwacht und dann Schwierigkeiten hat, wieder einzuschlafen, wird für diese Yoga-Sequenz dankbar sein: Sie sammeln sich zunächst im Stabsitz, um anschließend in der Haltung der Schildkröte die Ereignisse des Tages abzustreifen. Der Grätsch-Stand beruhigt Nerven und innere Organe; die Entspannungshaltung mit hochgelagerten Unterschenkeln löst und befreit den unteren Rücken. Die Knieschaukel wirkt wie eine kleine Rückenmassage und lenkt die Aufmerksamkeit auf den Atem. Mit der anschließenden Körperreise in der Entspannungshaltung sind Sie dann bereit, durch und durch relaxt in die Kissen zu sinken – und bald einzuschlafen.

1. Stabsitz

** Dandasana, S. 32 **

Setzen Sie sich aufrecht auf den Boden. Die Beine sind lang und parallel. Die Fußspitzen zum Körper ziehen, sodass ein Gefühl der Dehnung in der Beinrückseite entsteht. Die Wirbelsäule aus dem Becken heraus aufrichten. Schultern nach hinten und dann nach unten senken. Das Kinn ein wenig nach unten nehmen, sodass die Halswirbelsäule gerade wird. Der Blick geht nach vorn, die Kiefer- und Gesichtsmuskeln sind entspannt. Die Hände auf den Oberschenkeln ablegen. Einatmend die Arme nach oben führen und sich strecken, weiteratmen und beim Ausatmen wieder sinken lassen. Nach etwa fünf Atemzügen gehen Sie in die Haltung der Schildkröte über.

2. Schildkröte

** Kurmasana, S. 66 **

Die Füße in einem bequemen Abstand zum Po aufstellen. Die Knie zu den Seiten fallen lassen, die Fußsohlen berühren sich. Beim Einatmen die Arme über den Kopf heben. Nach vorn beugen, die Hände von innen unter die Beine schieben und von außen an die Füße legen. Tief atmen. Fünf Atemzüge lang halten. Anschließend über die Seite aufrichten und in der Berghaltung stehen.

Tipps

Wichtig für diese Sequenz: eine gute Unterlage, ein Kissen plus eine Decke, mit der Sie sich am Schluss zudecken können. Legen Sie sich für die Körperreise am Ende des Programms schon ins Bett – dann können Sie dabei direkt einschlummern. Machen Sie dieses Yoga-Programm zum täglichen Ritual. Dann stellt Ihr Körper sich irgendwann ganz von allein auf »Nachtruhe« um. Außerdem hilft es, wenn Sie vor dem Schlafen aufs Fernsehen verzichten und sich jeden Tag zur gleichen Zeit hinlegen. Aber nicht zu früh, sondern erst, wenn Sie sich schon einigermaßen müde fühlen.

3. Grätsch-Stand

** Prasarita Padottanasana, S. 68 **

Ausgangshaltung ist die Berghaltung *(Tadasana, S. 50)*. Machen Sie mit dem linken Bein einen großen Schritt zur Seite. Die Füße sind parallel. Die Arme zur Seite ausstrecken. Beim Ausatmen den Oberkörper aus der Hüfte heraus horizontal und ganz gerade nach vorn beugen. Gleichzeitig den Po nach hinten schieben. Die Kniegelenke ganz leicht beugen. Die Arme nach unten bringen, sodass die Hände unter den Schultern den Boden berühren. Die Hände flach auflegen. Wenn Sie können, den Oberkörper ganz nach unten strecken. Etwa zwei bis drei Atemzüge lang halten. Anschließend langsam aufrichten, indem Sie die Knie beugen, die Hände auf den Schenkeln abstützen, den Rücken strecken und hochkommen. Die Füße zusammenbringen. In der Berghaltung nachspüren.

4. Entspannungshaltung mit hochgelagerten Beinen

** Savasana, S. 71 **

Stellen Sie einen Stuhl vor sich auf. Legen Sie sich auf den Rücken, sodass Sie die Unterschenkel auf der Sitzfläche des Stuhls ablegen können. Die Beine etwas öffnen, die Füße sind locker. Die Arme liegen lang neben dem Körper, die Handflächen nach oben. Die Halswirbelsäule strecken, indem Sie das Kinn ein wenig in Richtung Brustbein senken. Die Gesichtsmuskeln ganz bewusst entspannen. Die Augen schließen und tief atmen. Lassen Sie den Atem fließen: in den Bauch, die Wirbelsäule hinab, in die Arme, in die Beine. Bleiben Sie etwa fünf bis zehn Minuten lang so.

5. Knieschaukel

** Apanasana, S. 44 **

Schieben Sie den Stuhl zur Seite und nehmen Sie die Entspannungshaltung *(Savasana, S. 70)* ein. Die Beine hüftbreit aufstellen. Der Rücken liegt ganz flach auf der Matte. Ziehen Sie die Knie in Richtung Bauch, sodass die Oberschenkel senkrecht zum Boden sind. Die Knie umarmen. Beim Ausatmen die Knie langsam nach links unten bewegen. Beim Einatmen die Knie in die Ausgangsposition zurückbringen. Beim nächsten Ausatmen die Knie nach rechts sinken lassen. Beim Einatmen die Knie in die Ausgangsposition bringen und so den Körper eine Weile immer wieder hin- und herschaukeln. So lange wiederholen, bis Sie das Gefühl haben, ein wenig zur Ruhe gekommen zu sein. Anschließend strecken Sie die Beine lang aus und spüren in der Entspannungshaltung nach.

6. Entspannungshaltung mit Körperreise

* *Savasana, S. 70* *

Sie bleiben in der Entspannungshaltung. Decken Sie sich gegebenenfalls zu und legen Sie ein kleines Kissen unter den Kopf. Die Beine ausstrecken und etwas öffnen, die Füße sind locker. Die Arme liegen lang neben dem Körper, die Handflächen nach oben. Die Halswirbelsäule strecken, indem Sie das Kinn ein wenig in Richtung Brustbein senken. Die Gesichtsmuskeln entspannen. Die Augen schließen und ganz tief und langsam einatmen. Stellen Sie sich beim Ausatmen vor, wie Ihr Körper in den Boden sinkt. Nun atmen Sie ganz normal weiter und beobachten, wie der Atem kommt und geht. Ganz von selbst – so, wie er es immer tut. Spüren Sie nacheinander Ihren Kopf, das Gesicht und den Brustraum. Danach die Gedanken in Arme und Hände und zurück zum Torso wandern lassen. Wie fühlen sich Bauch und Becken an? Wie liegt der Rücken auf der Matte? Dann reisen Sie weiter über Oberschenkel, Knie und Unterschenkel bis zu den Zehenspitzen. Atmen Sie noch ein paarmal tief ein und aus. Anschließend den Körper wohlig dehnen und rekeln, die Beine anziehen und über die Seite zum Sitzen aufrichten – oder, falls Sie schon im Bett sind, einfach liegen bleiben und einschlafen.

Für einen starken *Rücken*

Um Schmerzen vorzubeugen, brauchen Sie starke Rückenmuskeln – denn die stützen die Wirbelsäule und lassen uns aufrecht sitzen und stehen. Als sanftes Krafttraining beugt Yoga Rückenschmerzen aktiv vor. Das sehen inzwischen sogar Schulmediziner so und schicken ihre Patienten statt zur Apotheke in die Yoga-Schule. Diese Sequenz lockert Verspannungen und dehnt den Rücken mit dem eingerollten Blatt; anschließend kräftigt abwechselndes Heben der Arme die Muskeln des Schultergürtels. Katze und Tiger sind zum Muskelaufbau höchst effektiv. In der Kobra spannen Sie alle wichtigen Muskeln des Rückens noch einmal an. Mit der Schulterbrücke kräftigen Sie Schultern, Po und Beine. Am Schluss dürfen sich alle Rückenpartien im Krokodil und mit der Knieschaukel erholen.

1. Eingerolltes Blatt mit Arme-Heben

⁎ Garbhasana, S. 27 ⁎

Setzen Sie sich in den Fersensitz oder Diamantsitz *(Vajrasana, S. 24)*. Öffnen Sie die Knie etwa faustbreit. Bringen Sie die Zehenspitzen zusammen. Die Arme über den Kopf heben. Den Oberkörper beim Ausatmen nach vorne beugen. Die Handflächen auf dem Boden ablegen. Nun abwechselnd den linken und rechten Arm langsam anheben und wieder senken. Den Kopf dabei in Verlängerung der Wirbelsäule halten.

2. Die Katze

** Cakravakasana, S. 28 **

Kommen Sie aus der Haltung des eingerollten Blattes in den Vierfüßlerstand. Die Hände im Abstand der Schultergelenke auf dem Boden aufsetzen. Das Gewicht des Körpers ist auf Knien und Händen gleichmäßig verteilt. Beim Ausatmen den Rücken rund machen, dabei das Steißbein einziehen und den Blick auf die Knie richten. Beim Einatmen den Po wieder nach hinten strecken. Der Brustkorb hebt sich, Kopf und Dekolleté zeigen nach vorne. Der Rücken bildet einen harmonischen Bogen vom Steißbein bis zum Hinterkopf. Beim Ausatmen wieder in die Katzenbuckel-Haltung gehen. Etwa fünfmal wiederholen.

3. Der Tiger

** Vyaghrasana, S. 29 **

Strecken Sie beim Einatmen das linke Bein nach hinten und den rechten Arm nach vorne aus. Beim Ausatmen wieder in die Ausgangsposition gehen. Mit dem rechten Bein und linken Arm wiederholen. Danach wieder die Katzenhaltung mit geradem Rücken einnehmen. Etwa fünfmal wiederholen.

Tipp: Für einen stärkeren Effekt Arm und Bein in der Waagerechten mehrmals minimal auf und ab bewegen.

Tipps

Damit Sie möglichst bald den Effekt spüren, sollten Sie diese Yoga-Sequenz etwa zwei- bis dreimal pro Woche trainieren. Dazwischen darf ruhig ein Tag Pause sein, damit sich die Muskeln erholen und besser aufbauen können. Zum Entspannen für zwischendurch ist das eingerollte Blatt (*Garbhasana*, S. 26) ideal. Und falls Sie mal irgendwo Schlange stehen müssen, versuchen Sie, sich dabei wie in der Berghaltung (Tadasana, S. 50) aufzurichten – das verbessert langfristig Ihre Haltung und tut dem Rücken gut.

4. Die Kobra

** Bhujangasana, S. 40 **

Legen Sie sich auf den Bauch. Strecken Sie die Arme nach vorne aus, die Hände flach auf der Unterlage. Die Fußrücken liegen auf dem Boden, die Fußspitzen zeigen nach hinten. Die Beine lang nach hinten dehnen und die Leisten an die Unterlage schmiegen. Beim Ausatmen den Kopf, Schultern, Hals und Nacken anheben. Dabei die Arme ausstrecken und auf die Hände stützen. Die Handflächen ein Stück näher an den Brustkorb bringen und den Oberkörper bis zu den unteren Rippen aufrichten. Etwa vier Atemzüge lang halten. Beim Ausatmen die Hände nach vorn rutschen lassen. Die Stirn ablegen und nachspüren. Ein- bis zweimal wiederholen.

5. Schulterbrücke

** Setu Bandha, S. 42 **

Legen Sie sich in die Entspannungshaltung *(Savasana, S. 70)* auf den Rücken. Die Knie zum Körper ziehen und die Füße flach aufstellen. Die Arme neben den Körper legen, die Handflächen nach unten. Wenn Sie können, den Beckenboden anspannen. Beim Ausatmen gleichzeitig Bauch und Po anspannen und den Rücken anheben. Oberschenkel und Oberkörper bilden eine gerade Linie. Etwa drei Atemzüge halten. Erst den Rücken und dann den Po langsam absenken. Etwa dreimal wiederholen, dann kurz in der Entspannungshaltung nachspüren. Für einen stärkeren Effekt den Po mehrmals ganz langsam bis knapp über den Boden senken und wieder anheben.

6. Das Krokodil

** Makarasana, S. 38 **

In der Entspannungshaltung die Knie anziehen und die Füße flach auf den Boden stellen, sodass ein weiterer Fuß dazwischenpassen würde. Die Arme zur Seite ausstrecken, die Handflächen zeigen nach oben. Beim Ausatmen die Knie langsam nach rechts fallen lassen. Den Kopf ein wenig nach links drehen, dabei nicht überdehnen. Die Schultern bleiben auf dem Boden. Etwa drei Atemzüge lang halten. Dann Kopf und Knie aufrichten. Die Übung zur anderen Seite wiederholen. Beide Richtungen drei- bis sechsmal im Wechsel üben.

7. Knieschaukel

** Apanasana, S. 44 **

Legen Sie sich auf den Rücken, am besten auf eine dicke Unterlage. Die Beine hüftbreit aufstellen. Der Rücken liegt ganz flach auf der Matte. Heben Sie die Knie in Richtung Bauch, sodass die Oberschenkel senkrecht zum Boden sind. Die Knie von oben mit den flachen Händen fassen. Beim Ausatmen die Knie langsam an den Oberkörper heranziehen. Die Hände bleiben die ganze Zeit auf den Knien. Beim Einatmen die Knie wieder zurückbewegen.
So lange wiederholen, bis Sie deutlich spüren, dass Ihr Atem langsamer geworden ist. Anschließend strecken Sie die Beine lang aus und spüren in der Entspannungshaltung nach.

Für einen klaren *Kopf*

Wenn der Kopf brummt und Sie spüren, dass Kopfschmerzen im Anzug sind, kann diese Yoga-Sequenz Erleichterung bringen: Zuerst lockern Sie die Schultern durch leichtes Kreisen im Schneidersitz und ruhiges Atmen, bei dem Sie die Arme heben und senken. Es folgt der gespreizte Sitz, bei dem Sie die Arme auf einem Stuhl ablegen: Dabei beruhigen sich die Nerven, der Rücken wird leicht gedehnt und Verspannungen lösen sich. In der Haltung des eingerollten Blatts tut es jetzt richtig gut, Kopf und Oberkörper auf einem dicken Kissen abzulegen. Danach lehnen Sie sich in der Schmetterlingshaltung zurück. In der Entspannungshaltung legen Sie die Beine auf einem Stuhl ab, lockern die Gesichtsmuskeln und spüren, wie der Kopf langsam klarer wird.

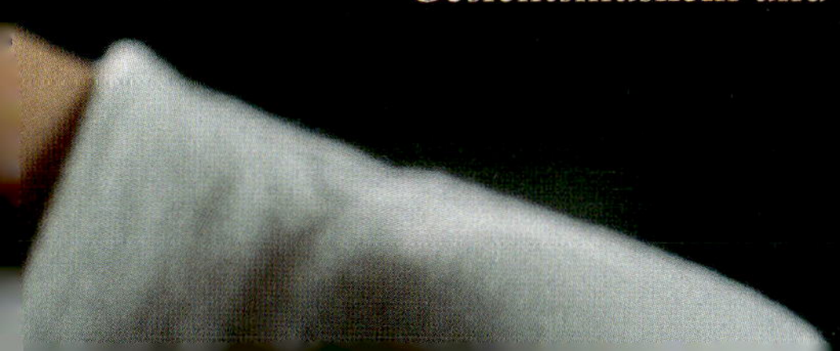

1. Schneidersitz mit Schulterkreisen

** Sukhasana, S. 48 **

Machen Sie es sich so richtig bequem: im Schneidersitz auf dem Boden mit einer gefalteten Decke oder einem festen Kissen unter dem Po oder, falls Sie sich damit wohler fühlen, auf einem Stuhl. Die Wirbelsäule aus dem Becken heraus aufrichten. Die Halswirbelsäule strecken und das Kinn ein wenig nach unten nehmen. Den Bauch ganz leicht anspannen. Die Schultern nach hinten und unten sinken lassen. Jetzt die Hände auf die Schultern legen und die Ellenbogen mit dem Atem etwa zehnmal langsam nach vorne, danach zehnmal nach hinten kreisen lassen. Danach die Arme locker hängen lassen. Nun beim Einatmen die Arme über die Seite nach oben heben. Die Handflächen zeigen zueinander. Beim Ausatmen absenken. Fünf- bis achtmal wiederholen.

2. Diamantsitz mit Brustexpander

** Vajrasana, S. 24 **

Setzen Sie sich im Stabsitz *(Dandasana, S. 32)* hin. Winkeln Sie die Unterschenkel an und setzen sich auf die Fersen. Die Hände flach auf den Oberschenkeln ablegen. Die Wirbelsäule aufrichten. Die Halswirbelsäule strecken, indem Sie das Kinn ein wenig absenken. Die Hände hinter dem Rücken zusammenführen und die Arme gestreckt anheben. Bleiben Sie etwa fünf tiefe Atemzüge lang in dieser Haltung. Anschließend lösen Sie die Arme, verlagern das Gewicht nach rechts und strecken beide Beine wieder aus. Über die Seite aufstehen.

3. Grätsch-Stand

** Prasarita Padottanasana, S. 68 **

Sie stehen in der Berghaltung *(Tadasana, S. 50)*. Machen Sie mit dem linken Bein einen großen Schritt zur Seite. Die Füße sind parallel. Die Arme zur Seite ausstrecken. Beim Ausatmen den Oberkörper aus der Hüfte heraus horizontal und ganz gerade nach vorn beugen. Gleichzeitig den Po nach hinten schieben. Die Kniegelenke leicht beugen.
Die Arme nach unten bringen, sodass die Hände unter den Schultern den Boden berühren. Die Hände flach auflegen. Wenn Sie können, den Oberkörper ganz nach unten strecken. Etwa zwei bis drei Atemzüge halten. Anschließend langsam aufrichten, indem Sie die Knie beugen, die Hände auf den Schenkeln abstützen und den Rücken strecken. Die Füße zusammenbringen. In der Berghaltung nachspüren.

4. Eingerolltes Blatt

** Garbhasana, S. 26 **

Platzieren Sie ein dickes Kissen vor sich. Setzen Sie sich in den Diamantsitz *(Vajrasana, S. 24)*. Öffnen Sie die Knie etwa faustbreit. Bringen Sie die Zehenspitzen zusammen. Heben Sie die Arme über den Kopf. Beugen Sie den Oberkörper beim Ausatmen nach vorne und legen Kopf und Brust auf dem Kissen ab. Legen Sie die Handflächen auf den Boden. Genießen Sie die Einkehr nach innen.

5. Der Schmetterling

** Supta Baddha Konasana, S. 62 **

Legen Sie ein bis zwei große Kissen auf den Boden hinter sich. Im Langsitz vor die Kissen setzen. Die Beine anziehen, die Füße flach nah am Po aufstellen. Den Oberkörper nach hinten auf die Kissen sinken lassen. Die Beine öffnen, die Knie fallen zur Seite. Die Fußsohlen berühren sich. Die Arme liegen locker neben dem Körper auf dem Boden, die Handflächen zeigen nach oben oder unten, ganz wie Sie mögen. Diese Haltung soll rundum angenehm sein. Polstern Sie gegebenenfalls mit weiteren Kissen oder Decken unter dem Kopf oder den Knien nach. Konzentrieren Sie sich auf Ihren Atem. Bleiben Sie so, so lange Sie mögen (mindestens fünf tiefe Atemzüge). Anschließend die Beine strecken und über die Seite aufsetzen.

Tipps

Diese Sequenz ist vor allem dazu geeignet, Spannungskopfschmerzen vorzubeugen und eventuell zu lindern – denn Yoga kann Schultern und Rücken lockern, von denen solche Schmerzen oft ausgehen. Bei Migräne oder durch Medikamente verursachten Kopfschmerzen gehen Sie besser zum Arzt. An Hilfsmitteln benötigen Sie einen Stuhl für den Grätsch-Sitz und für die Schmetterlingshaltung dicke, feste Kissen, um den Rücken abzustützen.

6. Entspannungshaltung mit hochgelagerten Beinen

** Savasana, S. 70 **

Stellen Sie einen Stuhl vor sich auf. Liegen Sie auf dem Rücken, sodass Sie die Unterschenkel auf der Sitzfläche des Stuhls ablegen können. Die Beine etwas öffnen, die Füße sind locker. Die Arme liegen lang neben dem Körper, die Handflächen nach oben. Die Halswirbelsäule strecken, indem Sie das Kinn ein wenig in Richtung Brustbein senken. Die Gesichtsmuskeln entspannen. Die Augen schließen und ein paarmal tief atmen. Nun atmen Sie ganz normal weiter und beobachten, wie der Atem kommt und geht. Bleiben Sie etwa fünf bis zehn Minuten lang so. Anschließend den Körper wohlig dehnen und rekeln, die Beine anziehen und über die Seite zum Sitzen aufrichten.

Als

Anti-Age-Programm

Gesund, fit, schlank und schön – so wollen wir bleiben, und Yoga unterstützt uns dabei. Wer mit Yoga seinen Körper kennen- und beherrschen gelernt hat, bewegt sich harmonisch und strahlt eine zufriedene Gelassenheit aus, die einfach attraktiv ist. Yoga hilft, das Gewicht zu halten und die Gelenke zu aktivieren. Diese Sequenz beginnt mit einer Dehnung für Schultern und Brust im Diamantsitz. Die Königstaube macht Hüfte und Lendenwirbelsäule beweglich, kann die Hormonproduktion ankurbeln und die Durchblutung der Beckenorgane verbessern. Hunde- und Bretthaltung kräftigen die Arm- und Schultermuskeln. Zum Schluss aktiviert das Boot den ganzen Körper und stärkt die Bauchmuskeln.

1. Diamantsitz mit Brustexpander

** Vajrasana, S. 24 **

Setzen Sie sich im Stabsitz *(Dandasana, S. 32)* hin. Winkeln Sie die Unterschenkel an und setzen sich auf die Fersen. Die Hände flach auf den Oberschenkeln ablegen. Die Wirbelsäule aufrichten. Die Halswirbelsäule strecken, indem Sie das Kinn ein wenig absenken. Die Hände hinter dem Rücken zusammenführen und die Arme gestreckt anheben. Bleiben Sie etwa fünf tiefe Atemzüge lang in dieser Haltung. Anschließend lösen Sie die Arme und spüren im Diamantsitz kurz nach.

2. Die Katze

** Cakravakasana, S. 28 **

Kommen Sie in den Vierfüßlerstand. Die Hände im Abstand der Schultergelenke auf dem Boden aufsetzen. Das Gewicht des Körpers ist auf Knien und Händen gleichmäßig verteilt. Beim Ausatmen den Rücken rund machen, dabei das Steißbein einziehen und den Blick auf die Knie richten. Beim Einatmen den Po wieder nach hinten strecken. Der Brustkorb hebt sich, Kopf und Dekolleté zeigen nach vorne. Der Rücken bildet einen harmonischen Bogen vom Steißbein bis zum Hinterkopf. Beim Ausatmen wieder in die Katzenbuckel-Haltung gehen. Etwa fünfmal wiederholen.

3. Die Königstaube

** Kapotanasana, S. 46 **

Ausgangsposition ist die Katzenhaltung mit geradem Rücken. Beim Ausatmen das rechte Bein nach hinten ausstrecken, das linke Knie beugen. Den Po mit nach hinten nehmen und auf dem linken Unterschenkel absetzen. Kopf und Oberkörper aufrichten, die Hände bleiben am Boden. Dann den Oberkörper auf den linken Oberschenkel legen. Die Arme sind nach vorn ausgestreckt. Die Stirn auf dem Boden ablegen. Bleiben Sie etwa sechs Atemzüge so. Dann in den Vierfüßlerstand zurückkommen und mit dem linken Bein ausgestreckt wiederholen.

4. Der Hund

** Adho Mukha Svanasana, S. 30 **

Im Vierfüßlerstand die Füße aufstellen, sodass nur die Zehen auf dem Boden sind. Beim Ausatmen heben Sie die Knie an, geben Kraft in die Hände und Arme und schieben sich nach oben, indem Sie die Beine strecken und den Po Richtung Decke heben. Den Kopf nicht hängen lassen, sondern in Verlängerung der Wirbelsäule halten. Die Fersen fest auf die Unterlage drücken. Die Arme ganz gestreckt halten und gleichmäßig und tief atmen. Etwa drei bis fünf Atemzüge in dieser Haltung bleiben und dann direkt in die Bretthaltung übergehen (siehe Beschreibung beim nächsten Bild).

5. Das Brett

** Caturanga Dandasana, S. 31 **

Aus dem nach unten schauenden Hund senken Sie den Po und richten Oberkörper und Kopf auf. Bauch- und Pomuskeln fest anspannen. Achten Sie auf einen geraden Rücken. Die Halswirbelsäule ist gerade in Verlängerung der Wirbelsäule. Die Arme bleiben gestreckt, die Zehen am Boden. Hund und Brett mindestens dreimal im Wechsel üben.

Tipps

Für diese Sequenz brauchen Sie eine gute Unterlage (am besten eine Yoga-Matte), denn sie findet komplett auf dem Fußboden statt. Wenn Sie zwei- bis dreimal pro Woche üben, wird der verjüngende Effekt nicht lange auf sich warten lassen. Probieren Sie zu Anfang ruhig die einfacheren Varianten der Haltungen in diesem Programm: Beim Brett lassen Sie die Knie auf dem Boden, das Boot halten Sie zunächst, ohne die Knie zum Oberkörper zu ziehen.

6. Das Boot

** Paripurna Navasana, S. 36 **

Sie liegen in der Entspannungshaltung *(Savasana, S. 70)* auf dem Rücken. Die Arme mit den Händen neben den Hüften auf den Boden legen. Die Knie anziehen und die Füße vor dem Po auf den Boden setzen. Beim Ausatmen die Bauchmuskeln anspannen, indem Sie die Bauchdecke einziehen. Weiteratmen. Die Unterschenkel waagerecht anheben. (Für einen noch stärkeren Effekt beim Ausatmen Arme und den Kopf heben.) Weiteratmen. Abwechselnd die Knie langsam zur Brust ziehen und das jeweils andere Bein gerade ausstrecken. Etwa zehnmal wiederholen. Beim Ausatmen Kopf und Arme ablegen, die Füße aufsetzen und nachspüren.

Für

Nacken & Schultern

Es zieht, spannt und schmerzt – kaum eine Körperregion ist im Alltag so belastet wie Schultern und Nacken: Wir tragen Wasserkisten in den dritten Stock, schleppen Laptops mit uns herum und sitzen krumm und gebeugt vor dem Bildschirm. Aber mit diesem Yoga-Programm können Sie vorbeugen und sich bei Spannungsgefühlen rasch Erleichterung verschaffen: Zunächst lockern Sie die Schultern durch Armbewegungen im Schneider- und Fersensitz. Die Schulterbrücke flexibilisiert den oberen Teil der Wirbelsäule, das Krokodil dehnt Hals und Nacken. Am Schluss heben und senken Sie die Arme in der Entspannungshaltung, um die Schultermuskeln zu stärken. Stehen Sie auf und fühlen Sie den Unterschied!

1. Schneidersitz mit Schulterkreisen

** Sukhasana, S. 48 **

Machen Sie es sich so richtig bequem: Im Schneidersitz mit einer gefalteten Decke oder einem festen Kissen unter dem Po oder, falls Sie sich damit wohler fühlen, auf einem Stuhl. Die Wirbelsäule aus dem Becken heraus aufrichten. Die Halswirbelsäule strecken und das Kinn ein wenig nach unten nehmen. Den Bauch ganz leicht anspannen. Die Schultern nach hinten und unten sinken lassen. Die Hände auf die Schultern legen. Beim Einatmen die Ellenbogen anheben, beim Ausatmen absenken, sodass Ellenbogen und Schultern einen Kreis beschreiben. Etwa fünfmal wiederholen.

2. Diamantsitz mit Arme-Heben

** Vajrasana, S. 24 **

Setzen Sie sich in den Stabsitz *(Dandasana, S. 32)*. Winkeln Sie die Unterschenkel an und setzen Sie sich auf die Fersen. Die Hände flach auf den Oberschenkeln ablegen. Die Wirbelsäule aufrichten. Die Halswirbelsäule strecken, indem Sie das Kinn ein wenig absenken. Die Arme beim Einatmen vorne bis über den Kopf hochheben, beim Ausatmen wieder senken. Etwa fünfmal wiederholen. Anschließend verlagern Sie das Gewicht nach rechts und strecken beide Beine wieder aus.

3. Schulterbrücke

** Setu Bandha, S. 42 **

Sie liegen in der Entspannungshaltung *(Savasana, S. 70)*. auf dem Rücken. Die Knie zum Körper ziehen und die Füße flach aufstellen. Die Arme neben den Körper legen, die Handflächen nach unten. Wenn Sie können, den Beckenboden aktivieren. Beim Ausatmen gleichzeitig den Bauch anspannen und Po und Rücken anheben. Oberschenkel und Oberkörper bilden eine gerade Linie. Etwa drei Atemzüge lang halten. Erst den Rücken und dann den Po langsam absenken. Etwa dreimal wiederholen. Anschließend in die Entspannungshaltung zurückkehren.

4. Das Krokodil

** Makarasana, S. 38 **

Liegen Sie in der Entspannungshaltung *(Savasana, S. 70)*. Die Knie anziehen und die Füße flach auf den Boden stellen, sodass ein weiterer Fuß dazwischenpassen würde. Die Arme zur Seite ausstrecken, die Handflächen zeigen nach oben. Beim Ausatmen die Knie langsam nach rechts fallen lassen. Den Kopf gleichzeitig ein wenig nach links drehen, dabei nicht überdehnen. Die Schultern bleiben auf dem Boden. Etwa drei Atemzüge lang halten. Dann Kopf und Knie aufrichten. Die Übung zur anderen Seite wiederholen. Wenn Sie mögen, beide Richtungen drei- bis sechsmal im Wechsel üben. Anschließend zum Ausgleich auf dem Rücken liegen, die Knie zum Bauch ziehen und umarmen.

Tipps

Wenden Sie diese Sequenz an, wenn Sie merken, dass die Schultern langsam verspannen. Oder vorbeugend zweimal pro Woche. Wenn Sie danach warm duschen, lockert das die Schulterpartie zusätzlich.

5. Entspanungshaltung

** Savasana, S. 70 **

Sie liegen auf dem Rücken. Die Beine ausstrecken und etwas öffnen, die Füße sind locker. Die Arme liegen lang neben dem Körper, die Handflächen nach oben. Die Halswirbelsäule strecken, indem Sie das Kinn ein wenig in Richtung Brustbein senken. Die Gesichtsmuskeln entspannen. Beim Einatmen die Arme anheben, bis sie senkrecht sind. Beim Ausatmen die Arme wieder sinken lassen. Etwa fünfmal wiederholen. Anschließend den Körper wohlig dehnen und rekeln, die Beine anziehen und über die Seite zum Sitzen aufrichten.

Für gute *Laune*

Nicht jeder Tag im Leben ist ein Sonnentag – doch auch hier kann Yoga Gutes tun: Diese kleine Sequenz hilft, sich für Neues zu öffnen und eine andere Perspektive zu wagen, mit der die Dinge dann schon bald ganz anders aussehen. Zunächst sitzen Sie im Schneidersitz und öffnen die Arme im Rhythmus das Atems. In der Entspannungshaltung liegen Sie mit zur Seite gestreckten Armen und fühlen sich ganz leicht und gelöst. Danach aktivieren die Bootshaltung und die Schulterbrücke den ganzen Körper, verbessern Atmung und Durchblutung und geben dem Kopf einen Sauerstoff-Kick. Das Krokodil löst Blockaden in der Wirbelsäule, und im eingerollten Blatt fühlen Sie sich geborgen und sicher.

1. Schneidersitz

Sukhasana, S. 48

Setzen Sie sich in den Schneidersitz mit einer gefalteten Decke oder einem festen Kissen unter dem Po oder, falls Sie sich damit wohler fühlen, auf einen Stuhl. Die Wirbelsäule aus dem Becken heraus aufrichten. Die Halswirbelsäule strecken und das Kinn etwas nach unten nehmen. Den Bauch ganz leicht anspannen. Die Schultern nach hinten und unten sinken lassen. Die Hände sind auf dem Brustkorb gekreuzt. Beim Einatmen die Arme zur Seite öffnen, beim Ausatmen wieder auf der Brust zusammenführen. Etwa zehnmal wiederholen.

2. Diamantsitz mit Brustexpander

Vajrasana, S. 24

Setzen Sie sich im Stabsitz *(Dandasana, S. 32)* hin. Winkeln Sie die Unterschenkel an und setzen Sie sich auf die Fersen. Die Hände flach auf den Oberschenkeln ablegen. Die Wirbelsäule aufrichten. Die Halswirbelsäule strecken, indem Sie das Kinn ein wenig absenken. Die Hände hinter dem Rücken zusammenführen und leicht gestreckt anheben. Bleiben Sie etwa fünf tiefe Atemzüge lang in dieser Haltung. Anschließend lösen Sie die Arme, verlagern das Gewicht nach rechts und strecken beide Beine wieder aus. Variante: Statt im Diamantsitz können Sie den Brustexpander auch im Schneidersitz üben.

3. Kleines Boot und Schulterbrücke

** Paripurna Navasana, S. 36 und Setu Bandha, S. 42 **

Sie liegen in der Entspannungshaltung *(Savasana, S. 70)*, die Arme neben dem Körper. Die Knie anziehen und die Füße vor dem Po auf den Boden setzen. Beim Ausatmen die Bauchmuskeln anspannen. Weiteratmen. Die Unterschenkel waagerecht anheben. Beim Ausatmen Arme und den Kopf heben. Weiteratmen. Etwa zwei Atemzüge lang halten. Beim Ausatmen langsam Kopf und Arme ablegen und die Füße wieder aufsetzen. Jetzt gehen Sie über in die Schulterbrücke: Die Handflächen liegen auf dem Boden. Beim Ausatmen gleichzeitig die Bauchmuskeln anspannen und Po und Rücken anheben. Etwa drei Atemzüge halten. Erst den Rücken und dann den Po langsam absenken. Noch viermal im Wechsel üben. In der Entspannungshaltung nachspüren.

4. Das Krokodil

Makarasana, S. 38

Die Knie anziehen und die Füße flach auf den Boden stellen, sodass ein weiterer Fuß dazwischenpassen würde. Die Arme zur Seite ausstrecken, die Handflächen zeigen nach oben. Beim Ausatmen die Knie langsam nach rechts fallen lassen. Den Kopf gleichzeitig ein wenig nach links drehen, dabei nicht überdehnen. Die Schultern bleiben auf dem Boden. Etwa drei Atemzüge lang halten. Dann Kopf und Knie aufrichten. Die Übung zur anderen Seite wiederholen. Beide Richtungen drei- bis sechsmal im Wechsel üben.

5. Eingerolltes Blatt

Garbhasana, S. 26

Setzen Sie sich in den Fersensitz oder Diamantsitz *(Vajrasana, S. 24)*. Öffnen Sie die Knie etwa faustbreit. Bringen Sie die Zehenspitzen zusammen. Heben Sie die Arme über den Kopf. Beugen Sie den Oberkörper beim Ausatmen nach vorne. Legen Sie die Handflächen auf dem Boden ab. Berühren Sie mit der Stirn den Fußboden. Genießen Sie die Einkehr nach innen.

6. Entspannungshaltung mit zur Seite gestreckten Armen

* *Savasana, S. 70* *

Legen Sie sich auf den Rücken. Die Beine ausstrecken und etwas öffnen, die Füße sind locker. Die Arme entweder wie auf dem Foto neben den Körper legen oder, um den Brustraum zu öffnen, im rechten Winkel auf dem Boden vom Körper wegstrecken. Das Kinn ein wenig in Richtung Brustbein senken. Die Gesichtsmuskeln entspannen. Die Augen schließen und tief atmen. Bleiben Sie etwa 20 Atemzüge lang so.

Tipps

Versuchen Sie, dieses Programm im Freien bei Tageslicht oder nach einem ausgedehnten Spaziergang zu üben, denn frische Luft und Sonne haben einen zusätzlichen Gute-Laune-Effekt. Falls das nicht klappt, können Sie während dieser Sequenz auch eine Tageslicht-Lampe oder ein anderes helles Licht einschalten.

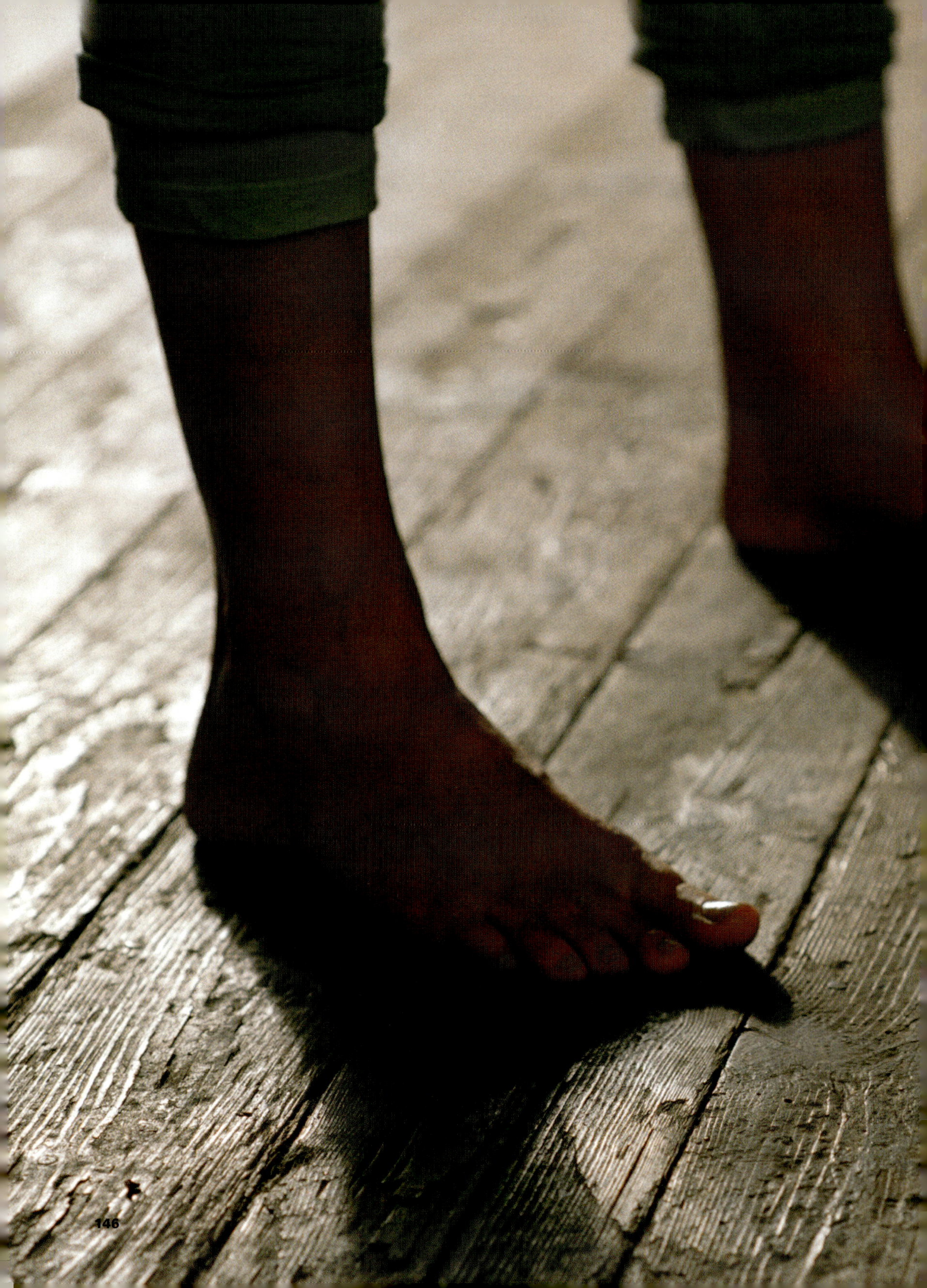

Für mehr

Standfestigkeit & Selbstbewusstsein

Yoga hilft, die Signale des Körpers besser zu deuten und auf seine Bedürfnisse einzugehen. Je länger Sie Yoga praktizieren, desto eher können Sie beurteilen, was Ihnen gut tut und was nicht. Sie lernen, Ihren Körper zu schätzen und ihn so anzunehmen, wie er ist. Darum ist Yoga auch eine Quelle für mehr Selbstbewusstsein: In der Berghaltung stehen Sie aufrecht und blicken optimistisch nach vorne. Der Baum hilft, das körperliche und seelische Gleichgewicht zu finden. In der Heldenposition atmen Sie tief und fühlen sich unvergleichlich stark – eine herrliche Haltung, um Kraft und Selbstvertrauen zu schöpfen. Im Grätsch-Stand können Sie sich noch einmal sammeln, um sich anschließend wieder langsam in die Berghaltung aufzurichten. Jetzt sind Sie bereit, jeder Herausforderung beherzt ins Auge zu blicken.

1. Der Berg

∗Tadasana, S. 50∗

Stehen Sie aufrecht. Der Abstand der Füße ist so, dass ein weiterer Fuß dazwischenpassen würde. Spüren Sie die Sohlen der Füße auf dem Boden. Die Knie sind nicht durchgedrückt, sondern ganz leicht gebeugt. Sie stehen elastisch. Das Becken vorne etwas hochziehen, den Po leicht anspannen. Die Bauchmuskeln aktivieren. Die Schultern nach hinten-unten sinken lassen. Richten Sie den Rücken auf und strecken Sie die Halswirbelsäule, indem Sie das Kinn etwas nach unten nehmen. Der Blick ist entspannt nach vorne gerichtet. Tief ein- und ausatmen. Bleiben Sie so lange in dieser Haltung, bis Sie das Gefühl haben, schon ein wenig zur Ruhe gekommen zu sein.

2. Der Berg mit angehobenen Armen

∗Tadasana, S. 50∗

Heben Sie die Arme beim Ausatmen über die Seite nach oben. Die Handflächen zeigen zueinander. Den vorderen Brustkorb anheben. Die Schultern nach hinten sinken lassen. Wer mag, kann die Arme noch weiter zur Seite öffnen.

3. Der Baum

** Vrksasana, S. 22 **

Sie stehen in der Berghaltung mit angehobenen Armen. Das Gewicht auf das linke Bein verlagern. Den rechten Fuß anheben. Das rechte Knie nach außen drehen und den Fuß auf die Innenseite des linken Beins setzen, etwa in Kniehöhe. Führen Sie die Arme über dem Kopf zusammen, sodass sich die Handflächen berühren. Für bessere Balance die Bauchmuskeln anspannen. Bleiben Sie, wenn möglich, etwa fünf Atemzüge lang in dieser Haltung. Den Fuß wieder auf den Boden stellen, die Arme sinken lassen und in der Berghaltung nachspüren.

4. Die Heldin

** Virabhadrasana, S. 52 **

In der Berghaltung die Arme waagerecht zur Seite strecken. Mit dem linken Bein einen großen Schritt nach hinten machen. Die Füße bleiben dabei parallel. Das rechte Bein tief beugen, bis das Knie über dem Fuß und der Unterschenkel senkrecht ist. Einatmen. Dabei die Arme über den Kopf heben, sodass sich die Handflächen berühren. Den Rücken strecken und das Brustbein nach oben hin anheben. Die Schulterblätter nach unten nehmen. Drei Atemzüge lang halten. Anschließend die Arme zur Seite sinken lassen. Das vordere Bein strecken, das hintere nach vorne setzen und die Füße zusammenführen. Mit dem rechten Bein wiederholen.

5. Grätsch-Stand

** Prasarita Padottanasana, S, 68 **

Aus der Berghaltung mit dem linken Bein einen großen Schritt zur Seite machen. Die Füße sind parallel. Die Arme seitwärts ausstrecken. Beim Ausatmen den Oberkörper aus der Hüfte heraus horizontal und ganz gerade nach vorn beugen. Gleichzeitig den Po nach hinten schieben. Die Kniegelenke ganz leicht beugen. Die Arme nach unten bringen, sodass die Hände unter den Schultern den Boden berühren. Die Hände flach auflegen. Wenn Sie können, den Oberkörper ganz nach unten strecken. Etwa zwei bis drei Atemzüge lang halten. Anschließend langsam aufrichten, indem Sie die Knie beugen, die Hände auf den Schenkeln abstützen, den Rücken strecken und hochkommen. Die Füße zusammenführen. In der Berghaltung nachspüren.

Tipps

Eine schöne Sequenz für den Berufsalltag oder Yoga im Freien, denn für die Haltungen dieses Programms brauchen Sie keine Unterlage. Probieren Sie es vor wichtigen Gesprächen und anderen Situationen, in denen Sie sich Selbstvertrauen wünschen. Die Sequenz eignet sich auch sehr gut für das tägliche Yoga vor dem Frühstück.

Für jeden Tag:

Der große Sonnengruß

Von dieser Yoga-Sequenz haben Sie sicher schon gehört: Der große Sonnengruß ist ein Yoga-Klassiker, von dem viele verschiedene Varianten möglich sind. Diese wirkt aktivierend durch die Berg- und Heldenhaltung, kräftigt die Beine in der Sitzhaltung und stärkt die Arme mit dem Hund. In der Vorbeuge sammelt und beruhigt sich der Geist. Eine schöne Sequenz für jeden Morgen, für das Üben im Freien, für zwischendurch und für jede Gelegenheit – denn sie vereint nahezu alle positiven Effekte, für die Yoga bekannt ist.

1. Der Berg

Tadasana, S. 50

Stehen Sie aufrecht. Der Abstand der Füße ist so, dass ein weiterer Fuß dazwischenpassen würde. Spüren Sie die Sohlen der Füße auf dem Boden. Die Knie sind nicht durchgedrückt, sondern ganz leicht gebeugt. Sie stehen elastisch. Das Becken vorne etwas hochziehen, den Po leicht anspannen. Die Bauchmuskeln aktivieren. Die Schultern nach hinten-unten sinken lassen. Die Arme seitlich am Körper halten. Richten Sie den Rücken auf, heben Sie das Brustbein an und strecken Sie die Halswirbelsäule, indem Sie das Kinn ein wenig nach unten nehmen. Der Blick ist ruhig und entspannt nach vorne gerichtet. Tief ein- und ausatmen.

2. Sitzhaltung

✻ Utkatasana, S. 56 ✻

In der Berghaltung die Bauch- und Oberschenkelmuskeln aktivieren. Beim Einatmen die Arme hinter den Rücken führen und etwas hochziehen. Die Bauchmuskeln anspannen, indem Sie die Bauchdecke nach innen ziehen. Beim Ausatmen langsam in die Knie gehen und den Po nach hinten schieben. Rücken und Arme bilden jetzt eine Linie und sind leicht schräg nach vorne geneigt. Kippen Sie das Becken ein wenig nach vorne. Bleiben Sie etwa drei Atemzüge lang in dieser Haltung.

3. Die Heldin

✻ Virabhadrasana, S. 52 ✻

In der Sitzhaltung die Arme waagerecht zur Seite strecken. Mit dem linken Bein einen großen Schritt nach hinten machen. Die Füße bleiben dabei parallel (beim zweiten Durchgang nehmen Sie das rechte Bein). Das rechte Bein so tief beugen, dass das Knie über dem Fuß und der Unterschenkel senkrecht ist. Einatmen. Dabei die Arme über den Kopf heben, sodass sich die Handflächen berühren. Den Rücken strecken und das Brustbein anheben. Etwa drei Atemzüge lang halten. Nun in den Hund übergehen (siehe nächstes Bild).

Tipps

Da der große Sonnengruß in der Berghaltung beginnt und endet, können Sie ihn sehr gut mehrmals nacheinander ausführen, dann verstärkt sich die positive Wirkung. Wenn Sie mögen, können Sie ihn durch eine Kurz-Meditation im Schneidersitz ergänzen. Für den Hund ist es nützlich, eine Yoga-Matte zu haben, auf der Hände und Füße guten Halt finden.

4. Der Hund

Adho Mukha Svanasana, S. 30

Aus der Heldenposition den Oberkörper nach vorn beugen und die Hände auf den Boden setzen. Beim Ausatmen das vordere Bein nach hinten ziehen und die Füße nebeneinander stellen. Die Beine strecken und den Po Richtung Decke heben. Halten Sie den Kopf in Verlängerung der Wirbelsäule – also nicht hängen lassen! Drücken Sie die Fersen fest auf die Unterlage. Eventuell die Knie etwas beugen und den Bauch zu den Oberschenkeln hinschieben, damit Sie den Rücken besser gerade halten können. Achten Sie darauf, die Arme ganz gestreckt zu halten und gleichmäßig und tief zu atmen. Aus dieser Haltung kommen Sie zurück in die Heldenposition (Beschreibung beim nächsten Bild).

5. Die Heldin

Virabhadrasana, S. 52

Nun das linke Bein nach vorne setzen (beim zweiten Durchgang das rechte Bein). Beim Ausatmen den Oberkörper aufrichten, das vordere Bein beugen und die Arme über den Kopf heben. Den Rücken strecken und das Brustbein anheben. Etwa drei Atemzüge lang halten.
Dann beim Ausatmen das rechte Bein nach vorn führen, die Füße zusammenbringen und die Sitzhaltung einnehmen. Den Rücken aufrichten und die Arme nach oben führen. Einmal tief ein- und ausatmen und nun die Arme sinken lassen. Sie stehen wieder in der Berghaltung.

6. Vorbeuge

** Uttanasana, S. 54 **

In der Berghaltung die Knie leicht beugen und die Oberschenkelmuskeln anspannen. Die Arme seitlich anheben und dann über den Kopf führen. Die Kniegelenke locker lassen und den Po nach hinten schieben. Den Oberkörper nach vorn beugen und den Bauch auf den Oberschenkeln ablegen. Berühren Sie mit den Händen den Fußboden, wenn Sie können. Den Kopf nach unten hängen lassen. Spüren Sie, wie sich langsam die Wirbelsäule entspannt. Bleiben Sie etwa sechs Atemzüge lang in dieser Haltung. Ganz langsam wieder aufrichten, dabei die Hände auf den Oberschenkeln aufstützen und dann den Rücken strecken. In der Berghaltung nachspüren.

Register

Impressum

Umwelthinweis:
Dieses Buch wurde auf chlor-
und säurefreiem Papier gedruckt.

BRIGITTE-Buch im Diana Verlag

Printed in Germany 2007

Autoren: Martina Behm und Christiane Jaschiniok
Artdirektion, Layout + Satz: Andrea Neuhaus
Fotos: Werner Wallington
Autorenfotos: Lars Matzen, Stefan Jordan
Produktion: Birgit Potzkai
Model: Katja Brandt
Haare & Make-up: Diana Schairer/M4 Motion
Overall, Wickeltop: Closed; Hose: Stella Mc Cartney/ Adidas;
Matte+ Kissen: www.yogistar.com

Umschlaggestaltung: Eisele Grafik-Design, München
Herstellung: Gabriele Kutscha
Litho: dietner PrePrint-Produktion, München
Druck + Bindung: Druckerei Uhl, Radolfzell
ISBN: 978-3-453-28512-5
http://www.diana-verlag.de